G 583
9к.

1889

NOUVEAU VOYAGE
autour du monde
Par le Sieur le GENTIL.

A AMSTERDAM Chez PIERRE MORTIER.

NOUVEAU VOYAGE AU TOUR DU MONDE.

PAR M. LE GENTIL.

Enrichi de plusieurs Plans, Vûës & Perspectives des principales Villes & Ports du Pérou, Chily, Bresil, & de la Chine.

AVEC

Une Description de l'Empire de la Chine beaucoup plus ample & plus circonstanciée que celles qui ont paru jusqu'à present, où il est traité des Mœurs, Religion, Politique, éducation & commerce des Peuples de cet Empire.

TOME PREMIER.

A AMSTERDAM,
Chez PIERRE MORTIER.
M. DCCXXVIII.

A MONSEIGNEUR
LE COMTE
DE MORVILLE,
MINISTRE ET SECRETAIRE D'ETAT.

MONSEIGNEUR,

Après avoir fait un Voyage, qu'on appelle le Tour du Monde, j'ai crû devoir à ma Nation les observations que j'y ai faites ; mon inclination, encore plus que
les

EPITRE.

Le desir de m'attirer quelque faveur du Public, m'a inspiré de le mettre sous les auspices de VOTRE EXCELLENCE, & vous n'avez pas dedaigné l'hommage que mon cœur s'empressoit de vous rendre. Je n'ai pas en cela le mérite d'un sentiment qui me soit particulier; il est commun à tous ceux qui sont à portée de connoître, comme j'y ai été en quelque occasion, avec quelle sagesse vous conduisez les affaires de France dans les Cours étrangeres, combien vous

vous

EPITRE.

vous êtes attiré de confiance par une exacte fidelité, si rare dans la politique & plus sûre cependant que tous les détours & les artifices de la politique ordinaire, combien la Verité, qui est toûjours votre grande Regle, donne de poids à tout ce qui paroît en votre nom. Ne craignez point, Monseigneur, par quelques mots qui viennent de m'échapper ici, que je veuille entreprendre votre Eloge, on est bien éloigné de s'exposer au peril de vous déplaire, quand on est avec un

aussi

EPITRE.

aussi profond respect que j'ai l'honneur d'être,

MONSEIGNEUR,

DE VOTRE EXCELLENCE,

A Rome ce 10 Juillet 1724.

Le tres-humble & tres obéissant serviteur

DE LA BARBINAIS LE GENTIL.

NOUVEAU VOYAGE AU TOUR DU MONDE.

LETTRE PREMIERE.

A la Conception du Chily le dix-neuf Mars 1715.

Lorsque je partis de France, vous m'engageâtes, Monsieur, à vous promettre que je vous écrirois le détail de tout ce qui m'arriveroit dans le cours de mes voyages. Je vous prierois volontiers de recourir à la Mappemonde, parce que vous pourriez y voir d'un coup d'œil tous les pays dont vous voulez que

Tome I.   A   je

je vous faſſe la deſcription. Vous croyez, & peut-être n'avez-vous pas tort, qu'il ſuffit d'être Voyageur pour aimer à raconter; ce n'eſt pas là neanmoins mon vice, & je ne vous tiendrois pas la parole que je vous ai donnée, ſi le point d'honneur, & l'eſtime que j'ai pour vous ne m'engageoient à vous donner la ſatisfaction que vous avez exigée de moi. Je ſuis naturellement pareſſeux, & je me flatte que vous me ſaurez gré du ſacrifice que je vous fais de toute mon indolence. Au reſte ne vous attendez pas à lire des recits pompeux, & des deſcriptions fleuries: je ne ſuis point Orateur : je vous dirai le plus ſimplement & le plus ſincerement qu'il me ſera poſſible les choſes que j'ai remarqué: j'ai eu trop de compagnons dans mes voyages pour avoir la hardieſſe de vous en impoſer.

Nous partîmes de la Baye de C... le 30. Août de l'année 1714 ſur le Vaiſſeau nommé le V.... Les vents contraires nous obligerent de relâcher à l'Iſle de Sarc, diſtante de Guerneſey de trois lieuës. Après y avoir attendu le retour du beau tems pendant trois jours, & pris quelques Bœufs, & autres proviſions, nous fimes voile le 4. de Septembre. Il vous im-

importe peu, Monsieur, de savoir quel vent souffloit alors: je vous dirai seulement qu'il étoit très-favorable à ceux qui vouloient aller aux Isles Canaries. Notre dessein étoit d'y relâcher pour faire quelques nouvelles provisions, que la précipitation de notre départ de France, & la stérilité de l'Isle de Sarc, ne nous avoient pas permis de faire. Je m'apperçus avec plaisir, après dix jours de navigation, que je me familiarisois avec la mer, & que mon cœur refusoit de lui payer le tribut ordinaire.

Le 15. pendant la nuit nous nous trouvâmes si proches de la petite Isle Gratiosa, que peu s'en fallut que notre Vaisseau ne s'y brisât: nous en fûmes quittes pour la peur, & nos Pilotes pour une mercuriale. Au lever du Soleil, nous reconnûmes l'Isle de Lancerotte, qui est une des Canaries, & nous passâmes par le Détroit qui est formé par cette Isle, & par celle de Fort-ventura. Nous fûmes en cela plus heureux que sages, nos Pilotes ayant avoué qu'ils n'avoient point de connoissance qu'aucun gros Vaisseau eût jamais passé par ce Détroit.

Nous apperçûmes bien-tôt la haute Montagne ou Pic de Tenerife, & le 17.

au matin nous nous presentâmes devant la Ville de l'Oratavia Le Capitaine descendit à terre, & nous envoya un Pilote du pays, pour nous conduire à l'Ancrage: mais nous ne jugeâmes pas à propos (lorsque nous eûmes entendu le raisonnement du Pilote) de jetter l'ancre, soit à cause de la profondeur de la mer, soit à cause du peu de solidité du fonds, où les ancres ne mordent qu'avec peine; nous resolûmes de louvoyer dans cette rade, & d'exercer par une continuelle manœuvre nos Matelots, qui pour la plûpart étoient des païsans ramassez de côté & d'autre sans aucune experience.

Nous n'avions pas osé aller au Port de Sainte Croix, qui est de l'autre côté de l'Isle, parce que le Gouverneur de Tenerife qui y faisoit sa residence, avoit reçu des ordres recens de la Cour d'Espagne, d'arrêter tous les Navires François, qu'on soupçonneroit d'aller au Perou. Le Magistrat de l'Oratavia ne laissa pas de s'informer avec assez d'exactitude du motif de notre voyage. Nous nous tirâmes d'affaires en disant que nous allions en Guinée faire le commerce des Noirs. Je vous entens, nous répondit-il fort plaisamment: vous allez *en Guinea de los Blancos.*

cos. Le Marquis d'Afialcazzar homme de confideration, ami de notre Capitaine, leva adroitement tous les obftacles qu'on auroit pû mettre à notre voyage; car il auroit été très-facile au Magiftrat de l'Oratavia d'en faire naître qui auroient été invincibles, en arrêtant le Capitaine de notre Vaiffeau & les autres Officiers qui l'accompagnoient.

On ne peut voir, Monfieur, de plus belles Ifles, que toutes celles qu'on comprend fous le nom de Canaries. Nos ancêtres avoient bien raifon de les nommer fortunées. Celle de Tenerife furpaffe toutes les autres en fertilité; il y croît du vin en abondance, & ce petit Canton qu'on nomme l'Oratavia eft fi fertile, qu'on y voit des Montagnes extrêmement hautes dont les côteaux depuis la cime jufqu'à la vallée, font plantez de vignes, qui produifent le fameux vin de Malvoifie, dont toutes les Nations, fur tout les Anglois, font un très-grand commerce.

La Montagne appellée Pic de Tenerif paffe pour la plus haute du monde: on en voit quelquefois fortir une fumée noire & épaiffe, qui eft le plus fouvent le prélude de quelque tremblement de terre. Quelques perfonnes ont monté

A 3 jufjusqu'à sa cime, mais cette curiosité me paroît plus digne d'un Philosophe ou d'un disciple d'Empedocle, que d'un Voyageur.

Pendant le sejour que je fis dans cette Isle, j'allai plusieurs fois entendre la Musique Espagnole dans un Convent de Dames, & j'y fus moins attiré par le plaisir de l'harmonie, que par la curiosité de voir une Dame, que la singularité de son avanture rendoit digne d'admiration & de pitié: Elle étoit niéce du Marquis d'Asialcazzar, & veuve du Comte de la Gomere. Je n'ai jamais vû de beauté plus parfaite, cependant avec les plus beaux yeux du monde, elle étoit aveugle: cet aveuglement avoit été causé par l'impuissance de son mari, dont les forces ne répondoient pas aux desirs. Le Comte de la Gomere avoit déja eu une femme à qui l'on prétend que son impuissance avoit causé la mort. Celle-ci craignant le même sort, & ayant déja perdu la vûë, se retira dans ce Monastere, & son mari dont elle étoit aimée avec une tendresse extrême, mais trop sterile, ne pouvant survivre à cette perte, mourut peu de tems après.

Ce païs est trop voisin du nôtre pour
vous

vous en entretenir plus long-tems. Nous partîmes de Tenerife le 24. de Septembre, & nous passâmes peu de jours après sous le Tropique du Cancer. Nous y trouvâmes les vents qu'on appelle Alisez, du mot Latin *Venti Electi*, les plus favorables du monde. Ils souffloient en poupe, la mer étoit tranquille, pas le moindre orage : Quel plaisir, Monsieur, si cette bonace eût duré long-tems ! La ligne équinoctiale suspendit notre course, & nous y ressentîmes le 28. Septembre une chaleur d'autant plus grande, que nous avions le Soleil directement à notre Zenith. Le vent est fort fantasque sous cette ligne ; souvent il se cache dans de petits nuages, qui paroissent dans le tems que le Ciel est le plus serein, & qui dans un moment occupent tout l'horison. Ils se dissipent aussi promptement qu'ils naissent, & s'ils causent du vent dans le commencement, la pluye qui survient ne tarde pas à l'abattre. Nous passâmes & repassâmes plusieurs fois la ligne équinoctiale pendant huit jours que dura cette inconstance des vents. On fit la ceremonie ordinaire, & on m'initia aux mysteres du pilotage en m'arrosant d'eau de mer. On me fit jurer que je ne coucherois jamais avec la femme d'un Pilote; & certes j'en fis le serment de bon cœur, car pour peu que les femmes des Pilotes ressemblent à leurs maris, rien ne doit être plus dégoûtant.

Nous nous tirâmes enfin de cette Zone torride, & nous arrivâmes à la côte du Brésil le 12. de Decembre. Rien ne nous avoit manqué jusques-là, si ce n'est que l'eau & le vin se donnoient par mesure; les chaleurs excessives avoient corrompu nos eaux, mais ces mêmes chaleurs nous les faisoient trouver délicieuses: la navigation étant une école où l'on apprend à se guerir de toute sorte de délicatesse.

L'Isle Grande étant le seul endroit où les Portugais souffrent les étrangers, parce qu'ils ne peuvent les en chasser, nous allâmes jetter l'ancre dans un Havre de cette Isle; mais avant que d'y arriver, l'ignorance d'un Pilote, qui se disoit pratique de cette côte, faillit à faire échoüer notre Vaisseau sur un banc de sable qui est sur la gauche entre l'Isle Grande & la Terre ferme; il connut à propos son erreur, & la confessa contre l'ordinaire de ces sortes de personnes, qui prétendent n'avoir jamais tort. Nous envoyâmes

mes notre Chaloupe vers quelques habitations situées dans la Terre ferme, & elle amena un Vieillard Espagnol, soi-disant Medecin, qui nous servit de Pilote, & nous conduisit heureusement au Port.

Il est bien certain, Monsieur, que lorsqu'on n'a vû que son clocher, les moindres choses paroissent surprenantes. J'admirois les Arbres & les Montagnes de cette Isle comme la plus belle chose du monde. Les Coquillages même que la mer jettoit sur le rivage me sembloient dignes de toute mon attention. L'idée que j'avois d'un climat étranger divertissoit mon imagination, & la vûë de quelques Cabanes de Pêcheurs me plaisoit autant que la magnificence des Palais de nos Rois. Je ressemblois au Rat de la Fable, & je m'écriois interieurement, bon Dieu, que le monde est grand, que de païs, que de mers j'ai déja parcouruës!

L'Isle Grande ou Isle de Saint-George a 14. lieuës de circuit, & est située sous le Tropique du Capricorne à deux lieuës du Continent de l'Amerique. Il y regne un printems éternel. Son terrain est élevé & couvert d'Arbres inconnus en Europe, qui forment en plusieurs endroits des bosquets d'autant plus agréables, qu'ils ne sont redevables de leur beauté qu'à la simple nature. J'eus la curiosité de monter seul au sommet de la Montagne opposée au Havre où nous avions jetté l'ancre : Après bien des peines causées par l'épaisseur du Bois, & par une pluye continuelle je parvins jusqu'au haut. Je m'égarai au retour, & je descendis sans tenir aucune route certaine. Ayant marché plus de cinq heures sans savoir où j'étois ; je me trouvai sur les bords de la mer, fort loin du lieu où j'avois laissé le Vaisseau & mes compagnons. La fatigue me fit considerer la curiosité comme une passion incommode. Je vis des Arbres d'une grosseur si extraordinaire que je ne pouvois assez admirer la Nature dans de pareilles productions ; ma mauvaise humeur me fit cependant murmurer contr'elle : N'avois-je pas raison, Monsieur, il semble qu'elle n'est mere que pour des Barbares, & qu'elle nous traite en marâtre. Les orangers, les citronniers, ces arbres précieux naissent dans cette Isle & dans presque toute l'Amerique sans aucune culture, & ils n'y naissent que pour prêter leur ombrage aux Singes & aux Crocodiles. A

propos

propos de Singes, il y en a dans cette Isle de plusieurs especes. Les uns sont gros comme des Veaux, & font un bruit si étrange, que ceux qui n'y sont pas accoûtumez croyent que les montagnes vont s'écrouler, parce qu'étant pleines de concavitez, les cris de ces animaux se multiplie, & l'écho le renvoye avec force. Les autres, qu'on appelle pleureurs, imitent les cris d'un enfant; les uns & les autres sont très-farouches, & ne se laissent point approcher. On y voit aussi des Caymans ou Crocodiles, & d'autres reptiles très-dangereux. L'animal le plus incommode & le plus familier, est un petit ver qui s'insinuë sous les ongles du pied & de la main; il y prend nourriture & grossit peu-à-peu; alors on sent une demangeaison douloureuse; la chair devient blanche, & il se forme une tumeur; on y remedie en ôtant doucement le ver avec la pointe d'une aiguille, & il faut prendre garde à ne laisser dans la playe que cette operation cause, aucune partie de son corps, parce qu'il y surviendroit infailliblement une inflammation qui pourroit avoir des suites très-dangereuses.

 La pêche est abondante autour de cette Isle,

Isle, & le Poisson y est excellent. L'épaisseur du Bois ne permet pas qu'on y chasse ; d'ailleurs je n'y ai vû que des Oiseaux de mer, dont le goût est très-mauvais.

Quoique nous fussions dans une grande disette de vivres, nous n'osâmes point aller à Rio Geneiro. Les Portugais se souvenoient encore du dommage que leur avoit causé depuis peu l'escadre de M. du Guay Troüin; la playe saignoit encore; ainsi nous nous contentâmes d'aller chercher quelques provisions dans les habitations de la terre ferme. J'y allai un jour, & je fus fort surpris de voir que dans une maison ou cabanne où j'étois entré, plusieurs femmes s'enfuirent en jettant de grands cris. Je les suivis à dessein de les rassûrer, mais cette action ne fit qu'augmenter leur crainte, d'autant plus que j'étois accompagné de deux ou trois jeunes gens dont l'air vif & alerte ne supposoit pas une intention aussi innocente que la mienne, & qui à la vûë de ces femmes se sentirent animez d'une certaine vivacité, qu'une navigation de 4. mois avoit, pour ainsi dire, suspenduë. Les cris de ces femmes reveillerent un homme, dont l'aspect grave & composé

posé nous fit juger qu'il prenoit beaucoup d'interêt à ce qui venoit d'arriver: Il nous examina depuis les pieds jusqu'à la tête, & il nous parût qu'il étoit peu content de son examen. En effet, nous étions dans un équipage de vrais Corsaires. Il s'adressa à moi & me dit d'un ton à demi brutal, que nous n'étions pas en France, où les femmes & les hommes font ce qu'il leur plaît; que chez les Portugais on n'entroit point ainsi dans un lieu où il y avoit des femmes. Cependant nous fimes bien-tôt connoissance ensemble, & un certain air libre qui souvent fait tout le merite des François chez les étrangers, lui ôta une partie de sa gravité; mais il ne peut me fournir aucunes provisions. Je n'ai jamais vû de païs plus pauvre. J'allai à Villa-Grande, petite Ville peu considerable, m'imaginant que dans un lieu si voisin de Rio Geneïro, je pourrois trouver quelque remede à nos besoins; mais la pauvreté logeoit dans la Ville comme dans la campagne. Au reste ne prenez pas ce terme de Ville dans toute son étenduë; cette Ville ne seroit en Europe qu'un très-petit Village.

La Providence nous secourut: Un François

çois nommé de la Borde nous envoya une Piroque, qui est un Bâtiment fait d'un seul tronc d'arbre, avec quatre Esclaves qui nous apporterent des pois, des poissons salez, & de l'argent dont nous manquions. Il n'osa venir lui-même, parce que les Portugais depuis la prise de Rio Geneïro avoient rompu tout commerce avec nous dans leurs Colonies : il craignit, s'il nous venoit voir, qu'ils ne se servissent de ce pretexte pour lui ravir ses biens, & qu'on ne l'accusât d'avoir fait le commerce avec nous : d'autant plus qu'il étoit tâché du peché originel, c'està-dire d'être François lui-même. Il demeuroit à Paraty, où il exerçoit la Chirurgie, & faisoit secretement des affaires considerables. Il avoit appris nôtre arrivée par quelques habitans de Villa-Grande.

Paraty est une petite Ville où descend une grande partie de l'or qui vient des Mines, & qu'on transporte de là à Rio Geneïro : Elle n'est éloignée de l'Isle Grande que de 10. lieuës. Nous reçûmes avec bien de la joye le service que M. de la Borde nous rendit ; & si les benedictions des gens de mer ont quelque vertu, ce que je ne crois guere, cet acte de
charité

charité dût lui servir autant qu'une indulgence pleniere.

Les Portugais du Bresil sont laborieux, quand ils ne peuvent trouver d'autre ressource que dans leur travail, leurs richesses consistent dans le nombre de leurs Esclaves, dont ils envoyent une partie aux mines, & gardent l'autre pour defricher la terre, & planter des cannes de Sucre, du Mandioc & du Tabac. Le froment ne croît point dans cette partie de l'Amerique, soit à cause de la sécheresse de la terre, soit à cause des Fourmis qui devorent la semence. Le bled d'Inde leur sert generalement de nourriture, & la racine de Mandioc, quand elle est reduite en farine a assez bon goût, mais fort peu de substance.

Les naturels du Bresil sont farouches. La brutalité passe parmi eux pour grandeur de courage, & on voit tous les jours des exemples de leur ferocité.

Peu de tems avant notre arrivée, Villa-Grande avoit été le théâtre d'une scene fort tragique. Le Colonel & le Sergento Mor de cette Ville, se haïssoient depuis long-temps, leurs esclaves étoient tous les jours aux mains, (car c'est assez l'ordinaire de ces peuples de commettre à

leurs

leurs esclaves le soin de leur vengeance). Un jour ceux du Colonel furent battus. Outré de cet affront, il se mit à la tête de cette canaille, & ayant investi la maison du Sergento Mor, il fit tirer plusieurs coups de fusil aux fenêtres, dont la femme & la fille de celui-ci furent tuées. Excité par un si triste spectacle, il chercha des forces dans son desespoir, & sans considerer l'inégalité du combat, il fondit sur le Colonel avec quelques esclaves qu'il ramassa; mais la partie n'étant pas égale, il tomba bien-tôt percé de deux coups de lance: il demanda un Confesseur, mais le Colonel lui dit qu'il reclamoit en vain l'assistance du Ciel, & que s'il n'achevoit pas de le faire massacrer sur le champ, c'est qu'il vouloit se saouler à loisir du plaisir de le voir expirer. Cependant un Religieux Recolet accourut, & le Colonel voyant que malgré ses menaces, il persistoit dans la resolution de vouloir écouter la confession de son ennemi, lui cassa un bras d'un coup de pistolet, & plongea son épée dans le corps du Sergento Mor, ajoûtant, va, dit-il, rougir dans les enfers, ma vengeance seroit imparfaite, si tu jouïssois du Paradis.

Pendant

Pendant le séjour que nous fîmes dans cette Isle, nous fumes occupez à couper du bois, à remplir nos tonneaux d'eau, & à faire du lest. Nous en partîmes le 29: de Decembre: nous n'avions jusqu'alors cueilli que des roses, il étoit bien juste d'en sentir les épines. Nos premiers contre-tems furent causez par une conspiration que fit une partie de notre équipage. Vous savez, Monsieur, qu'en consequence des ordres du Roi, & des conventions entre la France & l'Espagne, ceux qui vouloient armer pour le Perou, étoient obligez de tenir leur entreprise secrete. Notre Armateur avoit pris une commission Angloise, sous le nom d'un Anglois qui ne devoit avoir sur le Vaisseau que le titre de Capitaine, sans en exercer les fonctions. Cette précaution nous engagea aussi à prendre des Matelots Anglois, dont le nombre égaloit presque celui des François. Ces deux Nations, qui rarement sont d'accord, étoient tous les jours en dispute, & par une préference naturelle, mais que la politique devoit temperer, nous prenions avec trop de partialité le parti de nos François. Les Anglois resolurent de s'en vanger, & de tuer tous les Officiers, &

ceux

ceux des Matelots, dont ils étoient mécontens, reservant seulement ceux qu'ils jugeoient les plus propres à suivre leur fortune, & à seconder leur dessein. Ils devoient ensuite jetter une partie des marchandises les plus embarrassantes dans la mer, pour rendre le Vaisseau moins pesant, & forcer le Capitaine Anglois de leur commander dans le métier de Pirates qu'ils avoient resolu d'embrasser. Un jeune homme de Guernesey avertit le Capitaine Anglois de tout ce complot, & celui-ci, qui étoit un très-honnête homme, nous en donna aussi-tôt avis.

Nous nous assemblâmes pour examiner ce qu'il y avoit à faire: On avertit ensuite le Contre-maître, & le Capitaine d'armes de tenir des sabres & des pistolets prêts en cas de revolte: On fit assembler l'équipage, & on se saisit des mutins, qui ne se défiant de rien ne firent aucune resistance: on les attacha sur des canons, & on leur fit donner à chacun cent coups de corde: les plus seditieux furent mis aux fers, où ils resterent jusqu'à notre arrivée dans le Chily, & nous prîmes des mesures justes pour prévenir tout ce que ces esprits brouillons oseroient entreprendre à l'avenir. Rien n'est plus dangereux

gereux ni plus deſagréable que d'avoir dans des voyages de long cours, des équipages compoſez de Matelots de differentes Nations. C'eſt nourrir une guerre inteſtine, d'autant plus dangereuſe, que le remede qu'il y faut apporter, doit être toûjours violent.

Nous eûmes toûjours les vents contraires avant que d'arriver au Cap le plus meridional de l'Amerique, & nous ne pûmes avoir connoiſſance de la Côte deſerte ou Terre des Patagons, dont la vûë étoit neceſſaire pour aſſurer nôtre navigation. La premiere terre que nous reconnûmes fut la Terre de Feu, & un Cap nommé le Cap des Vierges. Nôtre Pilote, qui ſans doute avoit la vûë courte, s'imagina voir derriere ce Cap le Détroit de Mair. Nous fîmes route pour y entrer; mais nous en fîmes bien-tôt une ſeconde pour en ſortir; ce prétendu Détroit n'étant qu'un cul de ſac rempli d'écueils, ſur leſquels notre Vaiſſeau alloit ſe briſer. Cependant le vent étoit très-impetueux & abſolument contraire pour ſortir de cet enfoncement, dans lequel il nous pouſſoit toûjours avec beaucoup de violence: le danger étoit évident, & il falloit s'attendre à perir ſur un rivage peu connu,

connu, & habité, dit-on, par des Anthropophages, ou à perir sous voile, en resistant à la violence des vents & des flots. Que pensez-vous, Monsieur, de cette alternative ? Nous preferâmes, à mon grand regret, le dernier parti. Les maux ont leur periode comme les biens ; le vent devint favorable par dégrez, & nous nous éloignâmes peu-à-peu de la terre & des écueils.

On a beau dire, Monsieur, que la mort est toûjours la même de quelque maniere qu'elle arrive : je vous avoue que tout autre genre de mort m'auroit parû supportable ; je suis du sentiment du pieux Enée, qui dans une occasion semblable regrettoit de n'être pas mort parmi ses Dieux Penates. Je pestois interieurement contre nos Pilotes, qui aimoient mieux perir en mer que sur la pointe de quelque rocher. La terre que je voyois si proche nourrissoit une esperance que j'aimois à conserver. Je ne craignois point les Anthropophages, parce qu'il me sembloit que j'avois quelque chose de plus funeste à craindre, & qu'une crainte chasse l'autre.

La misericorde Divine nous ayant preservez d'une mort que j'avois regardé comme me inévitable, j'admirai l'effet que produisent les passions sur le cœur des hommes: les plus intrepides de nos Matelots avoient la crainte de la mort, & la mort même peinte sur leur visage: ils étoient abbatus, & si certains du naufrage, qu'ils n'osoient pas même jurer ni blasphêmer: A peine le calme succeda à l'orage, que je vis renaître dans leurs yeux la joye, & certain petit air brutal qui est inseparable de leur personne. Chacun déploya son éloquence rustique sur le peril passé. Ce qui me divertit le plus, fut que nos Officiers que j'avois vû consternez, jurerent qu'ils avoient été tranquiles dans ce danger, & attribuerent à un deffaut d'experience une partie de mes frayeurs. Je fus le seul homme de bonne foi; mais mon amour propre trouvoit peut-être autant son compte dans l'aveu sincere & ingenu que je faisois de mes allarmes, que la vanité des autres étoit satisfaite en vantant une intrepidité imaginaire: Je consideroîs la peur dans ces sortes d'occasions, comme un effet de la Raison, & leur courage vrai ou faux, comme une insensibilité, qui naît le plus souvent d'un deffaut de jugement.

Le desir de philosopher me meneroit trop

trop loin. Les vents & les flots s'appaiserent, & le ciel devenu plus serein, nous fit voir l'entrée du Détroit de Mair, qui est formé d'un côté par la Terre de Feu, & de l'autre par l'Isle des Etats.

La Terre de Feu fut découverte par Magellan, qui la prit pour une grande Isle separée de la Terre des Patagons, par un Détroit auquel il donna son nom; Mais on a reconnu depuis peu que cette Terre de Feu n'est autre chose qu'un nombre considerable d'Isles très-hautes, & comme l'opinion la plus commune a toûjours été que ce païs étoit habité par des Nations sauvages & barbares, & que d'ailleurs ce climat ne produisoit rien en apparence, dont les vaisseaux puissent retirer quelque utilité, on a négligé de découvrir plus particulierement ce que c'étoit que cette Terre de Feu, & il n'y a eu que le hazard qui nous en ait donné jusqu'ici quelque connoissance.

L'an 1715. un Vaisseau François, après avoir passé le Détroit de Mair, ne pouvant plus resister à la tempête, fut contraint pendant toute la nuit de s'abandonner au gré des vents. Le Capitaine fut fort étonné de se trouver au lever du Soleil dans un Port que formoient plusieurs Is-

Iles; & de découvrir, autant que sa vûë pouvoit porter, un nombre infini de rochers ou islots, les uns très-élevez & couverts d'arbres, les autres bas & arides. Il y resta pendant quelques jours à l'abri de l'orage, & il envoya sa chaloupe visiter & sonder tous les passages : il auroit peut-être poussé plus loin sa découverte, mais le deffaut de vivres, & plus que tout encore le peu de curiosité & d'empressement qu'ont les Capitaines de Vaisseaux marchands, pour tout ce qui n'a point une relation necessaire & absoluë à leur commerce, fut cause que celui-ci se contenta de ce que le hazard lui avoit fait découvrir.

Les opinions sont differentes touchant les Habitans de ces Isles : Les Espagnols dans leurs Relations les traitent de Géants, & les François, c'est-à-dire ceux qui ont passé dans les Mers du Sud par le Détroit de Magellan, disent, que ce sont des hommes, qui paroissent à la vérité robustes, mais d'une taille ordinaire, qui vivent comme des bêtes, & qui malgré l'intemperie & le froid du climat, vont nuds, & habitent les cavernes des montagnes.

Le Cap le plus meridional de ces Isles, est

est celui dont le Capitaine Hoorn fit la découverte, lorsqu'il tenta ce passage pour aller au Perou, & auquel il donna son nom.

L'Isle des Etats fut découverte par les Hollandois, & c'est la Terre la plus meridionale, dont nous ayons eu connoissance: elle est inhabitée à cause du froid & de sa sterilité. Nous passâmes ce détroit fort heureusement, & en très-peu de tems. Il a huit lieües de longueur, & environ six de largeur. Les courants y sont si rapides que sans le secours du vent on peut le passer en moins de deux heures. Un vaisseau peut rélâcher, quand le besoin est pressant, dans un petit Port nommé Port du Desir, situé dans une des Isles de la Terre de Feu, au milieu de ce Détroit: neanmoins jusqu'à present peu de vaisseaux y ont rélâché.

Il s'éleva pendant la nuit suivante une tempête plus violente encore que celle que nous avions essuyé pendant le jour, mais nous courûmes moins de danger, ayant eu la précaution de nous éloigner de la terre. Nos voiles furent emportées par le vent, & notre vaisseau fut pendant huit jours le joüet des flots.

Nous

Nous allâmes jusqu'à la latitude de 61. dégrez, 30 minutes vers le Sud. Vous aviez l'hyver, vous autres Européens, & nous étions dans la belle saison & au milieu de l'Eté : cependant je n'ai jamais ressenti un froid plus cuisant. Le 17. de Janvier nous remarquâmes qu'il n'y avoit que trois heures de nuit ; ce qui nous consoloit beaucoup, car la tempête effraye moins pendant le jour, que pendant la nuit. Ajoûtez aux incommoditez d'un climat si froid, celle d'avoir une grande partie de nos Pilotes, & de nos Matelots attaquez du scorbut.

Enfin, Monsieur, après une navigation de six mois, après mille fatigues causées par la diserte d'eau & de vivres, nous apperçumes les Montagnes appellées Mammelles de Biobio à cause de leur figure, & peu de tems après, l'Isle de Sainte Marie, dont le terrain est fort bas : cette Isle est à dix lieuës de la Baye de la Conception du Chily.

Aussi-tôt que nous parûmes à l'entrée de cette Baye, nous apperçumes à trois lieuës de distance, ou environ, plusieurs vaisseaux à l'ancre devant la ville de la Conception : nous arborâmes notre pavillon & nous jettâmes l'ancre à my-baye. Plusieurs chaloupes de ces vaisseaux nous apporterent toute sorte de rafraîchissemens; & le lendemain au point du jour, nous fimes voile pour aller jetter l'ancre dans un enfoncement de la baye nommé Talcaguena, où nous trouvâmes aussi plusieurs vaisseaux.

Nous allâmes à la ville le Capitaine & moi pour saluer le Gouvérneur, qui quoique jeune, nous reçut avec la gravité d'un vieillard: Il y a quinze jours que nous sommes dans cette ville, où nous tâchons de reparer les maux que l'abstinence a fait à nos estomacs. Je vous dirai une autre fois ce que c'est que ce pays, c'est dire lorsque je l'aurai mieux connu. J'envoye cette Lettre à Valparaiso à M. de Champfloret Capitaine du Vaisseau le Malo, qui doit mettre à la voile le mois prochain pour retourner dans votre Monde. Adieu, Monsieur, souvenez-vous que vous m'avez promis que l'absence ne diminueroit rien de l'amitié dont vous m'avez toûjours honoré. Pour moi, quoique je sois aux Antipodes, je n'en suis pas moins votre très-humble serviteur.

LETTRE SECONDE.

A Coquimbo côte du Chily le 4 Juin 1715.

JE reçus avec une joye infinie, Monsieur, au commencement d'Avril les Lettres que vous m'avez fait l'honneur de m'écrire. Le Capitaine du Vaisseau le Dauphin, qui me les rendit, me fit un détail des nouvelles que vous me mandez. Je suis très-mortifié de ce que l'Armateur de notre vaisseau a été mis à la Bastille ; j'espere cependant que ses affaires s'accommoderont. Les entreprises qu'on fait de venir ici sont trop avantageuses au Royaume, pour ne pas meriter quelqu'indulgence en faveur de ceux qui les font. L'or, comme vous dites, est d'une ressource admirable, & je conviens avec vous, que si M. B... eût voulu faire agir ce ressort, pour imposer silence au Commissaire de ... & lui fasciner les yeux, il n'auroit pas été plus inquieté que les autres Armateurs qui ont eu cette précaution.

Nous ne sommes gueres tranquilles ici, Monsieur, je n'ai vû jusqu'à present que des contre-tems fâcheux, & des embarras qui semblent naître les uns des autres. Certes si la Cour de France savoit ce qu'il en coûte à ceux qui sont venus dans ces mers malgré ses ordres, loin de les punir elle auroit compassion de leur folie, & les loüeroit peut-être du zele qu'ils ont eu de purger le Royaume d'une infinité de manufactures, qu'ils viennent troquer ici pour de l'argent, & sur lesquelles ils font une perte très-considerable.

Nous ne nous attendions pas à trouver dans la baye de la Conception une compagnie si nombreuse de gens de notre Nation, ni à entendre les tristes nouvelles qu'ils nous debiterent à notre arrivée. Le premier compliment qu'ils nous firent, fut de nous feliciter d'un ton railleur, d'être venus augmenter le nombre des malheureux : Nous trouvions les gens fort honnêtes, lorsqu'ils ne disoient rien de plus. Les uns nous chargeoient de maledictions, les autres nous ennuyoient par le recit du miserable état des affaires : En un mot, tout étoit en confusion. On compte actuellement 40 vaisseaux François dans ces mers.

Quoique j'aime ma Nation, & que je sois peu porté à en parler mal, je suis
pour-

pourtant forcé d'avoüer qu'il n'y en a point qui soit plus souvent la duppe de son ambition, & qui soit moins propre à faire le commerce dans les Indes, & c'est le jugement qu'en portent les autres peuples de l'Europe. N'est-ce pas en effet vouloir perdre son bien de gayeté de cœur, que d'envoyer au Perou 40. vaisseaux, où six suffiroient. Les Marchands Espagnols ne sont pas moins à plaindre : ceux qui ont fait de gros achats il y a deux ou trois ans, & qui flatez de l'esperance qu'il ne viendroit plus de vaisseaux, ont negligé la vente de leurs marchandises, se voyent ruinez par l'arrivée de cette nombreuse escadre marchande. L'avidité mal entenduë de tous ces Armateurs, est d'autant plus blâmable, qu'ils ne pouvoient ignorer le mauvais état des affaires, dont les vaisseaux qui étoient revenus depuis deux ans les avoient assez instruits. Leur imprudence ne peut être excusée que par les conjonctures où ils se sont trouvez. Le rabais des especes leur fit chercher les moyens de s'en dédommager ; & comme les armemens pour le Perou en vertu du dernier Traité de paix, ont été secrets, chacun a crû être le seul qui armoit : raisonnement que

chacun

chacun a fait en particulier, mais qui a été commun à plusieurs Negocians de Nantes, de Bayonne, de Marseille, & sur tout de S. Malo. Ces derniers, plus prudens que les autres, ont interessé dans leurs entreprises des Negocians de Paris, Lyon &c. gens peu éclairez dans ce negoce, & qui éblouïs de la fortune qu'ont fait ceux de S. Malo, se sont imaginez mal-à-propos que la corne d'abondance devoit être toûjours pleine au Perou.

Voilà, Monsieur, la source du mal. Nous avons maintenant tout lieu d'apprehender, que la Cour d'Espagne, ennuyée d'un commerce qui ruine le sien, & sollicitée par les Anglois, qui en sont jaloux, n'envoye enfin une escadre dans ces mers, avec des ordres qui ne seront peut-être que trop fidellement executez.

Telle est la situation des affaires : j'ai pris mon parti, & je me suis embarqué sur un vaisseau de Bayonne, qui doit aller à la Chine au commencement de l'année prochaine : je prens goût pour les voyages, & pour mon coup d'essai j'entreprens de faire le tour du Monde : je vais maintenant vous dire quelque chose de ce pays.

Le Chily peut passer pour un des plus
beaux

beaux pays du monde; tant pour fa fituation, que pour fa fertilité. La terre y produit prefque fans aucune culture les fruits, que notre terre d'Europe ne nous donne qu'après un travail penible, & fouvent ingrat. L'air y eft temperé & fort fain, fur tout celui qu'on refpire dans les ports de mer, & fur les côtes maritimes.

Le Chiloé eft le premier port que les Espagnols ayent dans le Chily. Les peuples y feroient pauvres felon notre maniere de juger, n'ayant ni or ni argent, mais ils font riches, à mon avis, la Terre leur fourniffant abondamment les chofes neceffaires à la vie. Ils font commerce de planches & de viandes falées que les Espagnols du Perou y vont prendre en troc de marchandifes.

Baldivia eft le fecond port de ce Royaume : il eft fitué à 40. dégrez de la latitude meridionale : Baldivia qui fut un des conquerans de cette partie de l'Amerique, le découvrit, & lui donna fon nom. Son Château eft fortifié autant qu'il eft neceffaire pour refifter aux Indiens, qui n'entendent pas beaucoup l'art de faire des fieges. Sa Garnifon eft compofée des criminels que la Juftice du Chily & du Perou y envoye en exil: Les Magistrats croyent punir assez rigoureusement un voleur, un assassin, par cette legere peine, prétendant qu'un visage blanc ne doit pas être exposé à l'ignominie d'un supplice. Ils seront peut-être un jour les victimes d'une douceur si mal entenduë ; car les peines n'étant point proportionnées aux crimes, le nombre des criminels augmente tous les jours par l'impunité, & il est à craindre qu'ils ne se revoltent, & ne se joignent aux Indiens du pays, qui ont beaucoup de penchant à secoüer le joug que les Espagnols leur ont imposé.

La Conception est le port où nos vaisseaux se rendent le plus communément pour prendre langue, & faire leurs provisions. Elle est située à 36. degrez ½ de la latitude meridionale dans une baye qui a 3. lieuës de longueur, & un peu plus de deux de largeur. Les vaisseaux sont assez en seureté dans la rade pendant l'été, parce que les vents qui regnent dans cette saison, viennent presque toûjours du midi. Mais aux approches de l'hyver, ils sont obligez, à cause des vents de nord qui souflent alors, de se retirer dans un enfoncement de la baye nommé

Tal-

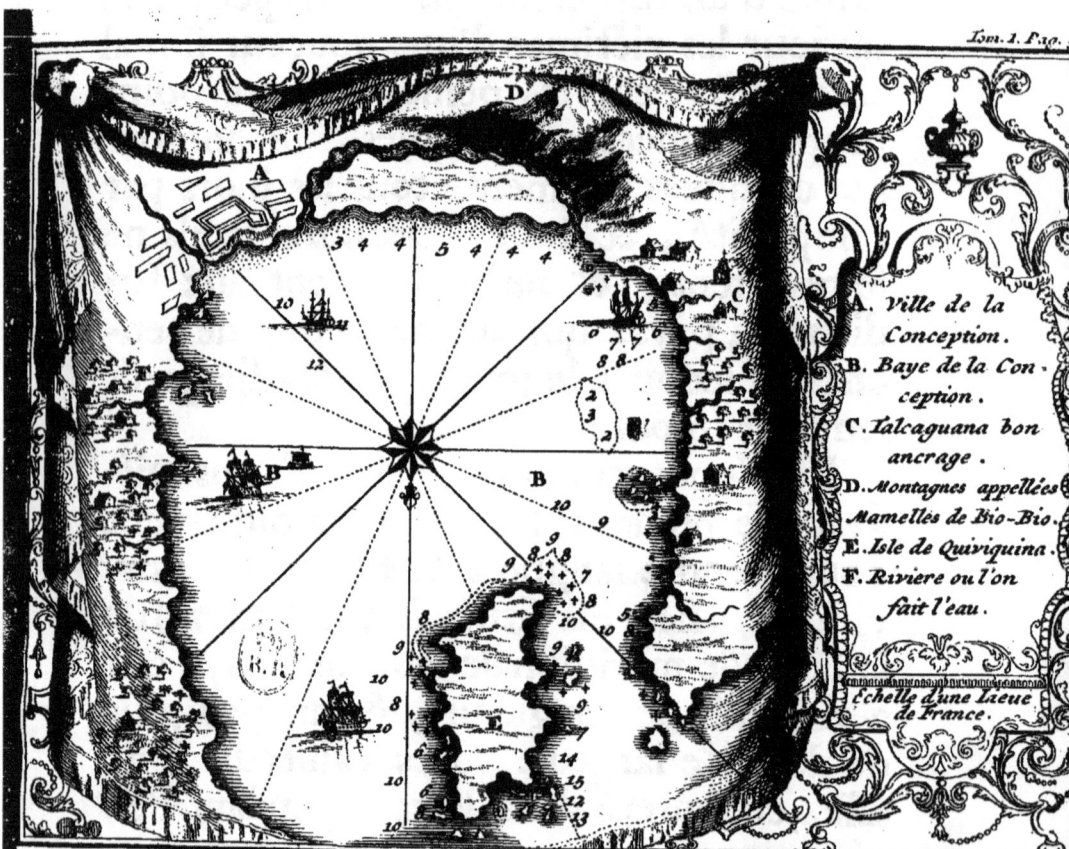

Talcaguena. Les François, qui dans l'esperance qu'il ne viendroit plus de vaisseaux les troubler dans leur commerce, y avoient hyverné pendant deux ou trois ans, y avoient fait bâtir des cabannes assez propres & commodes : Leurs jardins leur fournissoient toutes sortes de legumes, & par les plaisirs innocens de la chasse, de la pêche & de l'agriculture, ils charmoient les ennuis de leur solitude: Ainsi ce lieu qui étoit autrefois desert & inculte, devint par leurs soins agréable & utile. Ils avoient même bâti une Chapelle qui servoit de parroisse à ce nouveau village : ils s'étoient peu souciez d'en demander la permission à l'Evêque du lieu; mais nos gens de mer n'y regardent pas de si près.

On vend peu de marchandises à la Conception : Les Espagnols du Perou n'y viennent presque jamais, parce qu'ils se flattent toûjours que nos vaisseaux descendront plus bas. D'ailleurs les Negocians de S. Jago ville capitale du Chily, n'ont les chemins ouverts qu'en été, & ne peuvent traverser en hyver les hautes montagnes des Cordilieres à cause du froid excessif qu'on y ressent.

La Conception est bâtie à la maniere

des Colonies Espagnoles, c'est-à-dire fort mal: les maisons sont basses & construites de roseaux revêtus de terre. Elle est le siege d'un Evêque qui y reside presque toûjours. La Cathedrale n'a rien de la magnificence ordinaire aux Eglises Espagnoles. La seule Eglise des Jesuites a quelque apparence d'Eglise. Il y a des Convents de Cordeliers, Dominicains, Augustins, Mercenaires, & de l'Ordre de S. Jean de Dieu. Tous ces Religieux sont fort ignorans: je n'ose pas vous dire, Monsieur, quelle est leur occupation, vous plaindriez sans doute les brebis commises à la garde de ces Pasteurs. J'excepte les Jesuites de cette corruption generale; quoiqu'ils soient ici moins savans que leurs confreres qui sont en Europe: ils ne sont pas moins sages & ennemis du scandale, le même esprit regnant par tout où leur Societé est repanduë.

Lorsque j'arrivai dans cette ville, Dn. Firmin, Mestre de Camp General, en étoit Gouverneur. C'est un jeune homme de vingt-deux ans, & les Espagnols disent que sa noblesse & lui sont de même âge. En effet, je crois que les richesses de son pere, qui est premier President de l'Audience de S. Jago, lui tiennent lieu
de

de tout autre merite. Il a pour notre Nation une haine, qu'il ne se donne pas la peine de dissimuler, & il suit aveuglément les conseils d'un Prêtre que les Jesuites ont chassé de leur Compagnie. Ce jeune homme ne laisse échaper aucune occasion de mortifier les François, & l'avarice jointe à la haine lui fait faire tous les jours des démarches contraires à la bien-seance & à la justice. Il avoit inventé une maltote, dont on n'avoit jamais ouï parler dans ces pays, qui consistoit à exiger 1000 piastres, pour accorder seulement la permission d'acheter des vivres. Les François furent assez complaisans pour souscrire à une innovation si injuste, & si contraire à leurs interêts. Ils pouvoient aisément s'opposer à une extorsion si inouïe, leurs forces étant infiniment superieures à celles des Espagnols. Cependant ils ne chercherent jamais les moyens de remedier aux affronts qu'ils recevoient tous les jours. Cette moderation étoit un effet de leur bonne foi; mais le Gouverneur la prenant pour un deffaut de courage, n'en devenoit que plus injuste. Leurs plaintes n'étoient point écoutées, & son avidité étouffoit dans son cœur tous les sentimens de justice & de probité.

Si le Gouverneur avoit empêché les François de faire le commerce avec les Sujets du Roi d'Espagne, pour obéir aux ordres de son Maître, & si par ce motif il leur avoit refusé des vivres, & les autres secours necessaires : les personnes desinteressées pourroient donner à son zele les loüanges qu'il auroit meritées ; mais sa severité n'avoit pour objet que son propre interêt : il cherchoit à profiter du besoin que nous avions de son secours, & s'il alleguoit quelquefois les ordres de son Prince, ce n'étoit que pour les faire servir & les accommoder à ses interêts, & à ses vûes particulieres.

Cependant il n'y avoit aucun François qui ne fût convaincu qu'il étoit necessaire de donner quelque marque de vigueur, & de faire connoître au Gouverneur que leur patience n'étoit point un effet de leur foiblesse, ou de leur insensibilité. L'occasion s'en presenta bien-tôt.

Mr. du Morier des Vaux, le plus ancien Capitaine qui se trouvât dans ce port, homme estimé & consideré des Espagnols & des François, mourut peu de jours après mon arrivée : le chagrin joint à un âge assez avancé, termina ses jours: il ne put voir sans une douleur extrême

ses

ses esperances détruites par le concours prodigieux des vaisseaux qui arrivoient, étant un de ceux qui attendoient depuis trois ans une occasion favorable pour vendre leur carguaison. On voulut par des honneurs funebres rendre à sa memoire ce qui lui étoit dû. Les Capitaines s'assemblerent, & convinrent que le corps seroit apporté de Talcaguena à la Conception dans une chaloupe tenduë de noir: que toutes les autres chaloupes des autres vaisseaux la suivroient avec un détachement de trente Matelots, qui devoient preceder le convoi, & faire une décharge de mousqueterie aux lieux qu'on leur marqueroit: que tous les vaisseaux qui étoient dans ce port tireroient le canon par intervalles, & selon l'ordre prescrit. Cependant pour garder avec le Gouverneur une certaine bienseance, on députa deux Capitaines pour l'aller prier de permettre qu'on executât ce qu'on avoit projetté, quoiqu'on fut sûr par avance d'un refus. En effet, à peine daigna-t-il écouter nos Députez: il leur défendit de faire descendre à terre aucune personne armée, & menaça de les charger, s'ils l'entreprenoient.

L'occasion étoit telle que nous pouvions

vions la defirer, pour faire connoître notre reſſentiment : On ſuivit de point en point le projet qu'on avoit formé. Lorſque nos chaloupes approcherent du rivage, le Lieutenant de la Ville alla avertir le Gouverneur, que malgré ſes défenſes la ville ſeroit bien-tôt pleine de gens armez, & qu'il étoit tems de s'oppoſer à notre deſcente, s'il en avoit veritablement formé le deſſein. Le Gouverneur à ce recit trembla, pâlit, & ſes premiers mouvemens furent impetueux, mais les ſeconds furent plus prudens & plus moderez. Nous étions déja à terre, lorſqu'il nous envoya dire qu'il nous permettoit d'y deſcendre. Tout ſe paſſa tranquillement, & avec beaucoup d'ordre. Cette démarche toute irreguliere qu'elle étoit, produiſit un bon effet, & le Gouverneur commença à connoître que nous étions plus politiques que timides.

Les François n'étoient pas les ſeuls à qui ſon gouvernement paroiſſoit dur & inſuportable : il avoit laſſé la patience des Indiens, & les avoit enfin obligez à ſe ſoûlever : Vous ſerez peut-être bien aiſe, Monſieur, de ſavoir le détail de cette rebellion, qui quoiqu'elle ait eu des commencemens aſſez foibles, ne laiſſe pas
d'in-

d'inquietter aujourd'hui les Espagnols.

Il y a quatre especes d'Indiens dans le Chily: Les Spoëlches, les Peguenches, les Aouchaes, & les Indiens de la plaine. Les premiers habitent le païs de Arauca; les autres vivent dans les Terres de Pourin, & de Maulé. On donne aux premiers le nom d'*Indios Bravos*, à cause de leur ferocité, ou peut-être à cause de la resistance opiniâtre qu'ils ont toûjours fait aux armes Espagnoles.

Les Indiens de la plaine s'étoient soûlevez depuis quelque-tems, & faisoient plusieurs ravages dans la campagne, ne se promettant rien moins que de venir brûler la ville de la Conception, où je me trouvois alors. Tous les peuples des environs étoient allarmez, & les nouvelles qu'ils recevoient chaque jour de quelque victoire remportée par les Indiens, qui en usoient avec beaucoup de cruauté, remplissoient la ville & les pays voisins d'épouvante & de confusion.

Vous n'ignorez pas, Monsieur, que la conquête que les Espagnols ont fait de ce pays n'a été qu'une usurpation violente, dont la Religion fût le prétexte imaginaire. Ils soûmirent après plusieurs combats le Perou & le Chily, & cimentementerent leur nouvelle conquête du sang de plusieurs millions d'hommes : gens foibles & timides, qui n'avoient aucune teinture de l'Art militaire. On laissa à ceux qui rechapperent de ce massacre general une liberté apparente, qui n'étoit en effet qu'un esclavage un peu adouci. Les Conquerans partagerent leur nombre de Vassaux, selon le rang & la qualité qu'il tenoit parmi les Conquerans. Les Indiens ainsi soûmis à de nouveaux maîtres, déploroient en secret la perte de leur liberté. Les Espagnols les traitoient avec inhumanité, & se servoient de ces nouveaux esclaves pour chercher dans les entrailles de la Terre ce métal précieux, mais funeste, qui, plûtot que la Religion, avoit été le premier objet de leur entreprise. Ceux qui cultivoient les Terres, qui dans le partage general étoient échues au Roi, étoient impitoyablement vexez par les differens Gouverneurs du Chily, sur tout par Don Firmin Ustaris, dont le naturel brouillon & avare cherchoit à se satisfaire par l'oppression qu'il leur faisoit souffrir. Leur ignorance dans le métier de la guerre, les retint jusqu'à ce qu'instruits par la frequentation des Espagnols, & plus

encore

encore par leur defefpoir, ils apprirent que leurs vainqueurs n'étoient pas invincibles.

Enfin, ces malheureux ennuyez d'une fervitude auffi longue que penible, refolurent de s'en affranchir. L'entreprife n'étoit pas difficile, & l'execution paroiffoit aifée. Les Caciques ou Chefs des Indiens de la plaine, qui ne voyoient qu'avec regret des étrangers donner la loi dans des lieux où leurs ancêtres l'avoient donnée, s'affemblerent, & firent courir la fleche, qui eft l'inftrument dont ils fe fervoient autrefois pour avertir leurs Alliez de fe preparer à la guerre : Ils envoyerent auffi aux Indiens, nommez *Indios Bravos*, une corde qui par des nœuds de differentes couleurs marquoit leur projet, le jour & le lieu où ils devoient s'affembler pour l'executer. Comme ils n'ont point l'ufage de l'écriture, ils fe fervent de ces nœuds pour exprimer leurs penfées : c'eft ainfi que leurs Annales font confervées dans leurs Archives, & ce fut par ces nœuds qu'ils expliquerent autrefois aux Efpagnols l'hiftoire de leurs Rois ou Caciques, leur Religion, leurs coûtumes &c.

La confpiration fut fecrette, & elle n'étoit plus en état d'être prevenue, lorfqu'on qu'on la découvrit. Il y avoit aux environs de la Conception un faux Hermite Indien, qui sous pretexte de mandier de porte en porte, avoit fait un amas considérable de fer, pour armer les lances des Indiens, (ces lances sont fort longues, & ils s'en servent avec beaucoup d'adresse.) Son commerce fut découvert : on l'arracha de sa retraite, & on le mit dans un cachot, où il avoüa après bien des tourmens, tout le projet des Indiens. Le Gouverneur trouvant dans la déposition de ce malheureux un nouveau sujet de persecuter les Indiens qui restoient fidelles, ordonna aux Espagnols de charger de chaines leurs vassaux, soit qu'ils fussent innocens ou criminels, & de les traiter sans aucune compassion. Les Espagnols qui demeuroient dans les plaines voisines, & qui étoient exposez aux incursions des Indiens rebelles, livrerent à la Justice leurs domestiques les plus fidelles. Bien-tôt les prisons furent pleines de ces malheureuses victimes de la crainte, & on punit les innocens pour intimider les coupables. Mais ce procedé loin de produire l'effet que le Gouverneur en avoit attendu, ne servit qu'à irriter les rebelles; & ils auroient

sans

sans doute étendu leur fureur jusques dans la ville de la Conception, dont leur Armée n'étoit éloignée que de dix lieues, si la crainte de nos Vaisseaux ne les avoit retenus.

Quelques Capitaines François firent alors une démarche auprès du Gouverneur, dont ils eurent tout sujet de se repentir. Ils allerent lui offrir leurs services dans la conjoncture presente, & lui remontrerent que la paix étant établie depuis long-tems entre les deux Nations, ils croyoient qu'il étoit de leur devoir de venir lui offrir leurs bras pour la conservation du païs. Le Gouverneur reçut leur offre avec un mépris, qui les fit repentir d'avoir été si honnêtes: il leur repondit avec sa fierté ordinaire, que les Espagnols avoient assez de courage & de forces pour défendre & garder leurs conquêtes, & qu'ils n'avoient pas coûtume de mandier ou de recevoir du secours des autres Nations. Vrai personnage de Dom Quichotte de part & d'autre.

Cependant le tumulte augmentoit chaque jour. Le Gouverneur malgré l'intrépidité qu'il affectoit, mit ordre à ses affaires, & fit secretement partir son bagage & ses meilleurs effets. Cette dé-

démarche ne fut pas long tems ignorée, & sa conduite le rendant odieux aux Espagnols mêmes, la haine qu'on lui portoit éclata, on murmura, chacun se crût perdu, & comme dans les émotions populaires, il est plus naturel à la peur de consulter que de decider, le peuple s'assembla, & ne prit aucune resolution, se contentant seulement de declamer contre le gouvernement. Les plaintes n'étoient pas mal fondées; car quel effet pouvoit produire cette prévoyance avare du Gouverneur sur des esprits déja préoccupez ? On crût qu'il avoit reçu des avis certains d'un peril éminent, & la frayeur confirma puissamment cette opinion. Cependant les Espagnols convaincus de l'extremité du danger, renoncerent à l'antipathie qu'ils ont pour nous, & la crainte les fit resoudre à implorer notre secours, & à se retirer dans nos vaisseaux, en cas que l'ennemi parût aux portes de la ville, comme il sembloit en avoir formé le dessein. Nos François n'étoient gueres plus tranquiles ; ceux que leurs affaires retenoient dans la ville, avoient armé leurs maisons, & preparé des signaux pour avoir du secours des vaisseaux.

Le Gouverneur n'ignora pas longtems

tems les murmures & les allarmes du peuple, & soit qu'il voulût reparer sa reputation en donnant des marques de vigueur & de fermeté, soit qu'il voulût intimider les rebelles, il condamna à la mort cinq Indiens qui étoient dans les prisons de la ville, gens innocens, & qui par la terreur panique de leurs maîtres y avoient été traînez. Les Magistrats, qui étoient persuadez de leur innocence, & qui ne pouvoient les condamner sans donner atteinte à l'équité des Loix, ne voulurent point souscrire à leur condamnation, mais le Gouverneur se mit peu en peine de leur opposition; sa volonté prévalut aux Loix, & on tira ces malheureux de leur prison pour les mener au supplice. Plusieurs Religieux les porterent sur des clayes, & les exhorterent à la mort, à laquelle ces malheureux me parurent très-resignez. Cependant quelles reflexions ne pouvoient ils point faire? Ils étoient innocens, de l'aveu même de leurs Juges, & à l'horreur d'une mort qu'ils n'avoient point merité, se joignoit une circonstance bien triste; ils se voyoient mettre à mort dans leur propre païs par des usurpateurs, qui avoient changé la liberté dont
ils

ils jouïſſoient en un eſclavage honteux. Au reſte ſi la mort permet quelque conſolation, ils avoient celle de ne pas mourir dans les erreurs de l'Idolâtrie, comme le reſte de leurs ayeux. On les attacha à des poteaux qu'on avoit planté ſur le rivage; toute la milice étoit ſous les armes, & ſans leur bander les yeux, on leur caſſa la tête; celui qû'on tua le dernier fut à mon avis le plus malheureux, ayant pû lire quatre fois les circonſtances de ſa mort dans celle de ſes compagnons. C'étoit un jeune homme de 18. ans, très-bien inſtruit dans la Religion Catholique: comme on l'attachoit au poteau, il prit un crucifix, & proteſta de nouveau de ſon innocence, attendriſſant ſes bourreaux même par un diſcours que les circonſtances rendoient encore plus touchant: le lendemain on diſſequa leurs corps, dont on expoſa les quartiers ſur les grands chemins.

Neanmoins comme une revolte eſt une de ces maladies compliquées, dans leſquelles le remede qu'on deſtine à la guerison d'un ſymptôme, en aigrit quelquefois trois ou quatre: cette execution ne fit qu'animer les Indiens, & ils ne tarderent pas à ſignaler leur vengeance par

par le massacre d'un grand nombre d'Espagnols à qui ils ne voulurent faire aucun quartier.

Telle étoit la situation des affaires du Chily, lorsque je partis de la Conception. J'ajoûterai, Monsieur, à ce que j'ai dit de cette ville, que les femmes y sont jolies, mais trop faciles & trop interessées: des gens bien instruits de la carte du païs m'ont assuré qu'elles étoient toutes de ce caractere dans le royaume du Perou & du Chily. Je m'en raporte à leur témoignage.

Notre navigation ne fut pas heureuse en partant de la Conception pour nous rendre à Valparayso, ville distante de soixante lieuës de la baye de la Conception. Nous essuyâmes un coup de vent de Nord, qui joint à une voye d'eau, faillit à nous faire perir. Nous fûmes tout le jour dans l'attente du naufrage; nous étions peu éloignez de la Terre, mais un brouillard épais la deroboit à nos yeux, ce qui rendoit encore le danger plus pressant. Vous demanderez peut-être, Monsieur, quelles étoient alors mes reflexions? Je vous avoüe ingenument que l'experience ne m'avoit point encore corrigé de mes frayeurs, & je prévois même que je ferai éternellement
incor-

incorrigible sur cet article.

Corrigez-vous, dira quelque sage cervelle,
Et la peur se corrige-t-elle?

Je tremblai à mon aise, & sans craindre d'essuyer de mauvaises railleries, chacun trembloit, & ne rougissoit point de trembler. Cependant nous cherchions avec un soin extrême la voye d'eau, qui étoit la cause la plus prochaine du danger qui nous menaçoit : nous fûmes assez heureux pour la trouver, & pour la reparer en même-tems, après avoir passé 12. heures dans l'attente d'une mort toûjours presente à nos yeux.

Les malheurs naissent les uns des autres. Après huit jours de navigation, nous reconnûmes l'entrée de la rade de Valparayso, mais il semble que nous n'arrivions au port que pour y faire naufrage : La violence du vent, & nos manœuvres qui se trouverent embarrassées rendirent inutiles tous les efforts que nous fimes, pour nous empêcher d'aborder un vaisseau Espagnol qui étoit au milieu de la rade. Peu s'en fallut que nous ne le fissions perir en perissant nous-mêmes. La prouë de notre vaisseau fut brisée, & cet abor-

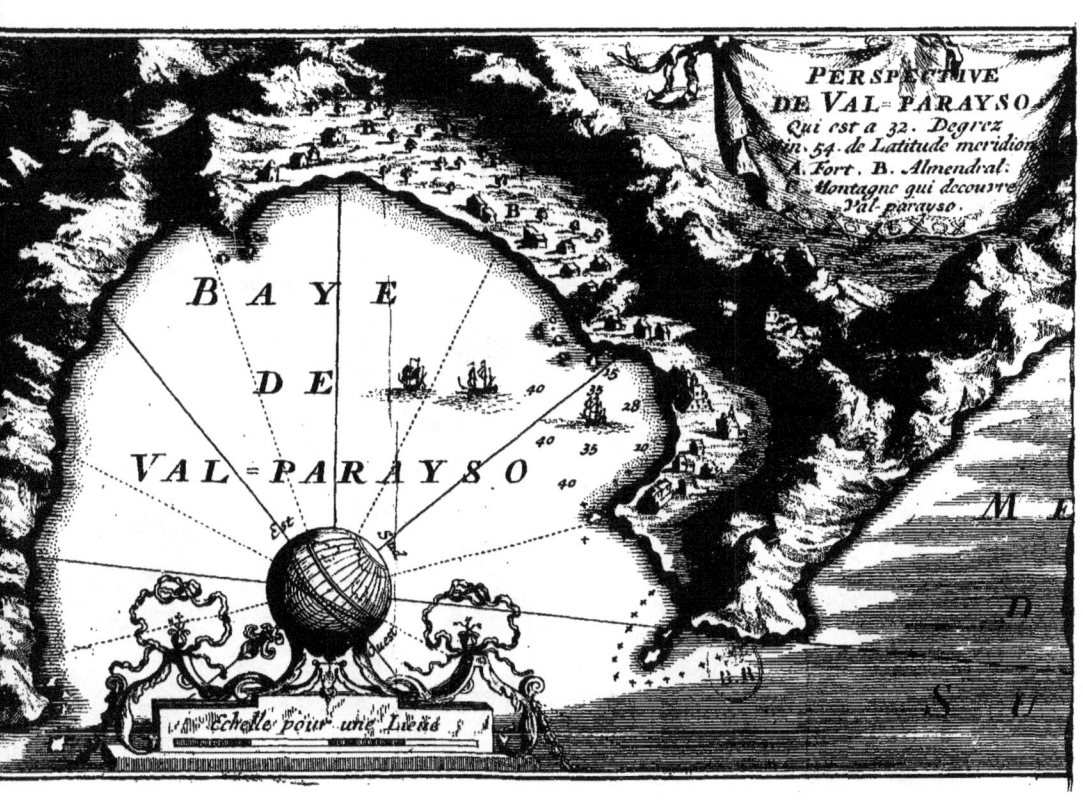

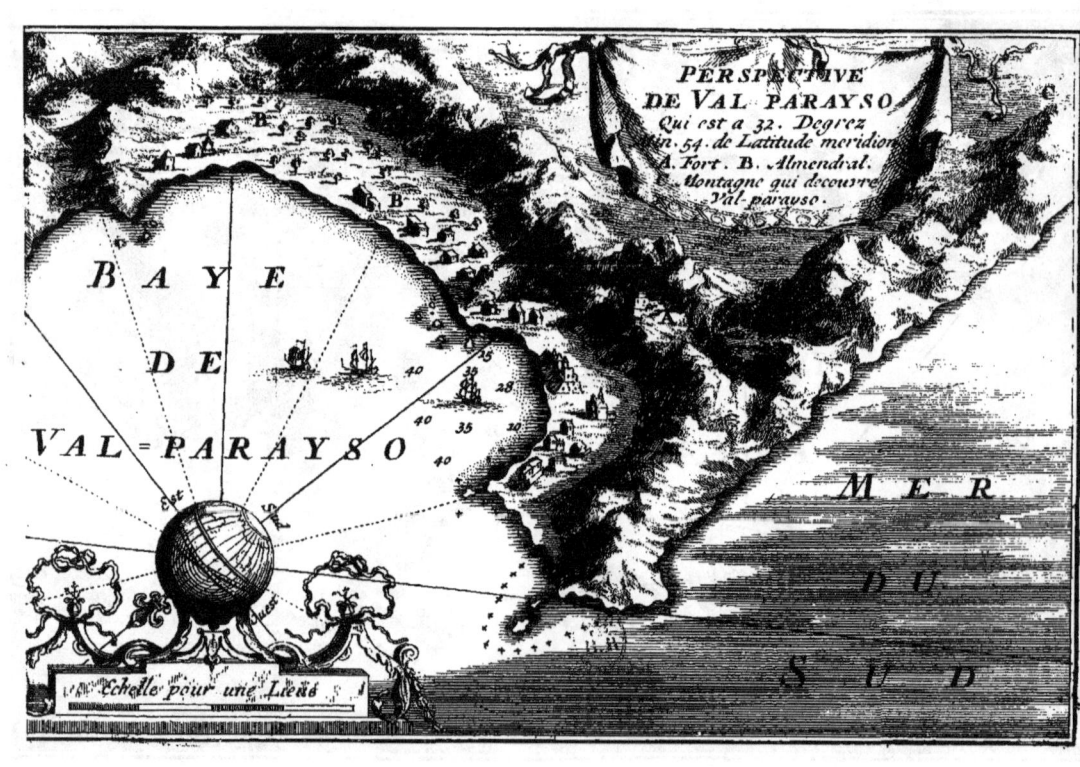

abordage involontaire brisa deux membres du vaisseau Espagnol. Pour comble de malheur le vent nous poussa encore sur un autre vaisseau, malgré deux ancres que nous avions jetté, & qui ne purent mordre. Ce second danger ayant été évité plûtot par le caprice des vents que par notre adresse. Nous allions enfin perir sur les écueils qui sont au Nord de cette rade, si le vent n'eût changé tout d'un coup. Blâme qui voudra l'inconstance des vents, Dieu sait bien ce qu'il nous faut; nous perissions sans ressource, si les vents s'étoient piquez mal-à-propos de constance.

Valparayso est un port où abordent tous les vaisseaux Espagnols qui font le commerce des bleds du Chily : il est situé à 32. degrez de la latitude meridionale, & à 299. degrez de longitude, La ville est peu considerable, & elle meriteroit tout au plus en France le nom de Bourg. Son château est bien situé, & forme une espece d'amphitheâtre devant la rade. Elle releve de la ville de Saint Jago capitale du Chily, qui n'en est éloignée que de trente lieues.

Aussi-tôt que nous eûmes mis pied à terre, nous allâmes visiter le Gouverneur;

Tome. I. C nous

nous le trouvâmes entre les mains de deux Chirurgiens François, qui lui faisoient une operation bien douloureuse, pour un mal que le climat & la galanterie rend très-commun dans ces contrées. Il nous reçut fort gracieusement, & nous accorda la liberté de commercer, pourvû que nous lui payassions un droit de cinq pour cent sur tout ce qui seroit vendu. Il ne nous cacha pas sa pauvreté; il avoit acheté ce Gouvernement en Espagne pour le prix de 28000 piastres. Il nous dit d'un air fort naturel, qu'il ne nous inquieteroit jamais, quand même il s'appercevroit que nous voudrions le tromper, mais qu'il exigeoit de nous, comme une recompense dûe à sa bonne foi, d'avoir égard à la triste situation où il se trouvoit : qu'il risquoit beaucoup en nous permettant un commerce libre, mais qu'il ne risqueroit pas moins en le défendant, parce qu'il ne pourroit jamais sans ce secours se mettre à couvert des frais qu'il avoit fait pour obtenir ce Gouvernement. Voilà ce que produit la venalité des Gouvernemens & des emplois. Sa demande nous parut fort juste, & cet air de sincerité nous engagea à lui tenir la parole que nous lui donnâmes dans cette visite,

visite, de ne rien vendre dont on ne lui payât les droits. Par malheur pour lui & pour nous on vendit si peu de marchandises, que ses profits furent très-mediocres. Nous vêcûmes avec lui en bonne intelligence pendant le séjour que nous fimes dans cette ville, & nous eûmes lieu d'être contens les uns des autres.

Le commerce des Espagnols dans le Chily n'est pas considerable; leur indolence en est la cause, (je parle des originaires de ce païs.) Ils se croiroient deshonorez s'ils entreprenoient des navigations comme les nôtres, & ils nous reprochent sans cesse nos entreprises, disant qu'une Nation qui fait de si longs voyages, ne peut être qu'une Nation miserable, qui cherche chez les étrangers ce qu'elle ne peut trouver chez soi. Ils ne font pas reflexion que le travail des Sujets fait la richesse des Rois, & procure dans un Royaume l'abondance, qui est la source des Arts & des Sciences. Les peuples du Chily sont à la verité moins paresseux que ceux du Perou, car quoique la Terre leur fournisse abondamment toutes les choses qui sont necessaires à la vie, ils sont neanmoins pauvres; & le luxe, qui par une coûtume mal en-
ten-

tenduë eſt devenu parmi eux une neceſſité, les oblige à chercher les moyens d'y ſatisfaire.

Le Chily, comme je vous l'ai déja dit, eſt fort fertile en grains, il en fournit aux habitans du Perou, où la ſéchereſſe de la Terre, & le deffaut de pluye ne permet pas qu'on ſeme. Dans tous les ports de ce dernier Royaume depuis Arica juſqu'à Guyaquil, il y a des magaſins publics pour recevoir les grains que les vaiſſeaux y apportent du Chily.

Quand j'arrivai à Valparayſo, je vis une preuve bien évidente de la fertilité de ce pays; les Magiſtrats avoient fait jetter dans la mer plus de dix mille charges de bled; tout le rivage en étoit couvert: ils prétendoient par ce moyen vendre plus avantageuſement les grains qui reſtoient, & dont la recolte avoit été trop abondante. Les Negocians François n'auroient pas mal fait d'avoir la même politique, & de brûler une trentaine de vaiſſeaux avec la même intention, mais c'eût été la fable du Conſeil des rats, chacun auroit opiné pour le remede, aucun n'auroit voulu ſe riſquer à attacher la ſonnette au col du chat.

Les vaiſſeaux du Perou, qui viennent
prendre

prendre le bled dans le Chily, font très-souvent naufrage, soit parce qu'on les charge toûjours trop, soit à cause de l'humidité qui fait enfler le grain d'une maniere si extraordinaire, que le tillac & les côtes du vaisseau s'ouvrent, ce qui cause des voyes d'eau auſquelles on ne peut remedier. Au reste ces vaiſſeaux sont construits d'un bois si dur & si fort, que l'eau de la mer loin de le pourrir, ne fait que le conſerver. Il ne nous seroit pas difficile d'en faire construire de semblables dans nos Colonies Françoises de l'Amerique, comme je vous le ferai connoître quelque jour.

Je ne vous parle point de la ville de S. Jago capitale du Chily, parce que je n'y ai point été, & comme j'ai reſolu de ne vous entretenir que de ce que j'ai vû, & que d'ailleurs vous devez avoir une connoiſſance bien exacte de ce pays, dont il y a pluſieurs Relations, je paſſerai ſous ſilence les choses que je n'aurai appris que par les Relations d'autrui. Je vous dirai seulement, que les François portoient dans cette ville quelques marchandises qu'ils vendoient fort mal, & avec beaucoup de peine. Le Preſident (pere de Dom Firmin Uſtaris) malgré les défenses de la Cour d'Espagne, donnoit secretement la main à ce commerce, & en faisoit lui-même la meilleure partie, & comme il étoit juge & partie dans les affaires qui survenoient entre les Marchands Espagnols & François, ceux-ci étoient toûjours les duppes.

Nous partîmes de Valparayso le 14. Mai 1715. & nous arrivâmes heureusement à Coquimbo, d'où je vous écris. Ce Port est dans le Royaume du Chily à 29. degrez 45. minutes de la latitude meridionale. C'est le meilleur Port qui soit dans la mer du Sud, les vaisseaux y sont à l'abri de tous les vents, & peuvent y carenner sur un petit rocher qui est à fleur d'eau, à un jet de pierre du rivage. On en peut reconnoître l'entrée par deux petites Isles, qui sont à demie lieuë de terre, mais on ne doit pas tenter le passage entre ces Isles & le Continent, à cause d'une chaine de rocher qui s'étend de l'un à l'autre rivage.

La ville est située deux lieuës plus haut sur le bord de la mer, dans une plaine, qui est bornée par les hautes Montagnes appellées Cordillieres, ou *las Ancas*, qui s'étendent depuis les Terres Magellanique jusques dans le fond du Mexique.

Les

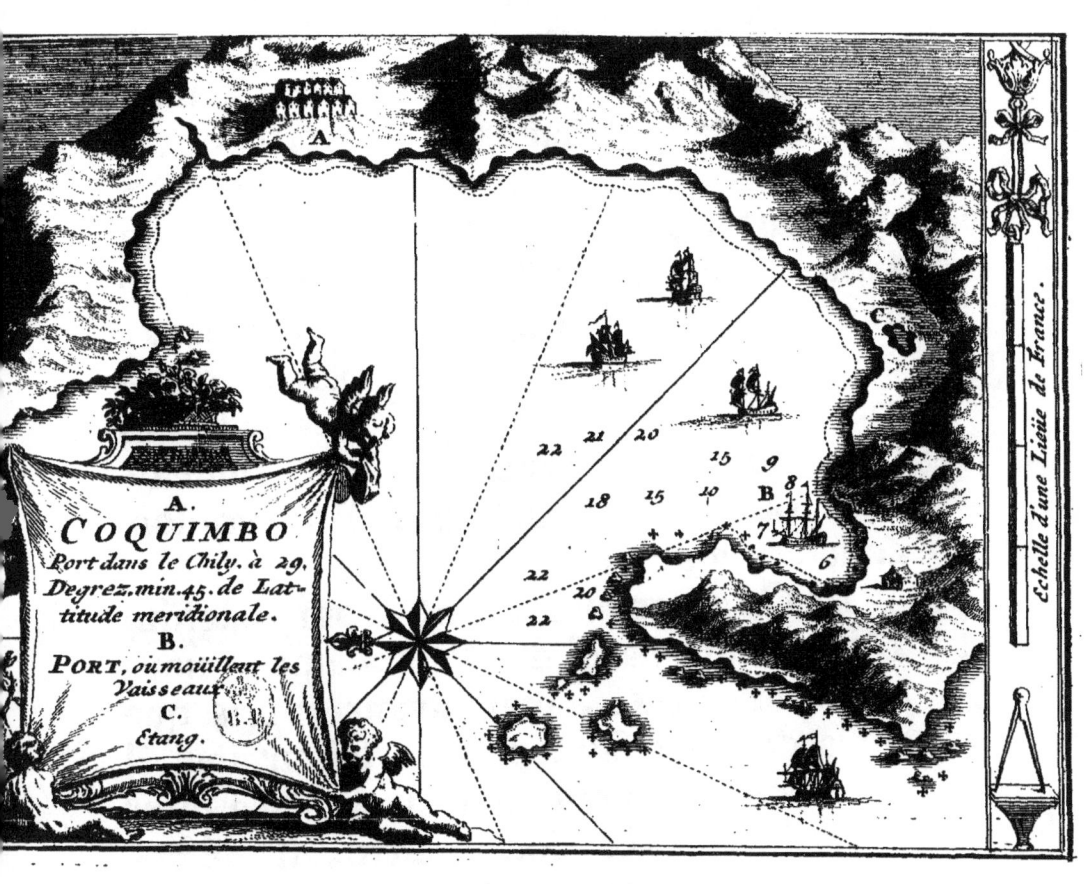

Les dehors de cette ville sont charmans, & sont baignez par une riviere, qui distribue ses eaux par plusieurs canaux dans tous les Jardins de la ville, chaque maison étant separée de l'autre par un jardin planté d'oliviers, qui produisent les meilleures olives du monde. Les ruës sont larges, & tirées au cordeau, mais les maisons sont basses & couvertes de roseaux à cause des tremblemens de terre qui sont frequents dans cette partie du Chily. Le peuple est ici plus affable qu'en aucun autre endroit, le sang y est beau, & l'air fort sain. On fait peu de commerce dans cette ville, & les habitans n'achetent que ce qui convient à leur usage ou à leurs besoins, sans vouloir acheter pour revendre.

Le Gouverneur nommé Dom Joachim d'Unzurum natif de Pampelune, nous reçut assez bien, mais ayant appris que nous devions faire peu de sejour ici, il commença à nous chagriner, & à citer les ordres du Roi son maître; il défendit aux habitans de nous vendre des vivres. Nous entendîmes à merveille son langage; & un habit complet d'étoffe de soye dont on regala Madame sa femme, & quelques babioles qu'on lui donna, le rendirent aussi doux qu'un mouton.

Il y a onze jours que nous sommes ici, & nous en partirons après demain; mais avant que de finir ma Lettre, j'ajoûterai, Monsieur, à tout ce que je vous ai dit du Chily, que si le Roy d'Espagne permettoit qu'on y semât du chanvre & du lin, ces peuples pourroient aisément se passer du secours des Européens Ils ont même des mines d'or, qui produiroient un revenu considerable à l'Espagne, si on y travailloit avec plus de soin.

On trouve dans le Chily des animaux de toute espece, des Perdrix, des Faisans, des Cerfs, &c. Le bétail n'a point de maître, il erre à l'avanture dans les plaines, & chacun en peut prendre selon son caprice & ses besoins; sur les côtes de la mer, & dans les villes, le plus gros bœuf ne coute pas quatre écus: par là on peut juger du reste.

La chasse de la Perdrix se fait d'une maniere particuliere: lorsqu'elle prend son vol, son chant imite le son d'une clochette; elle vole ordinairement à 200. pas; on la poursuit à cheval, & comme il est rare qu'elle fasse un second vol, parce que le premier l'a fatiguée, les chiens

chiens la prennent vivante à la remife. Au refte tout le gibier n'a point le goût fi délicat ni fi exquis, que l'a le gibier qu'on trouve en France.

Les Chevaux font à un prix fort modique, & un cheval qui coûteroit en France 50 piftoles, fe donne dans le Chily pour 4. ou 5. écus : Ils ne coûtent, pour ainfi dire, que la peine de les aller prendre : ils paiffent dans ces vaftes plaines, dont les pâturages font excellens. Les Indiens les attrapent d'une maniere fort adroite : ils ont un nœud coulant fait de peaux de bœuf en forme de courroye, qui a fept ou huit braffes de longueur : ils montent un cheval accoûtumé à cet exercice, & fe mêlant parmi les chevaux fauvages, ils jettent leur lâs fur le col du cheval qu'ils veulent, avec tant d'adreffe, qu'il ne peut entraîner l'autre cheval fur lequel l'Indien eft monté ; quelqu'effort qu'il faffe, il eft bien tôt dompté, ces Indiens ayant un talent merveilleux pour les rendre doux & familiers. Ils fe fervent fouvent de cette adreffe pour faire perir leurs ennemis, à qui ils jettent ce lâs, & puis piquant leurs chevaux, ils les brifent contre les rochers, ou les difloquent en les traînant dans les sables ou sur les cailloux. Lors qu'un cheval est fatigué d'une longue course, on le baigne nonobstant sa sueur, & l'eau loin de lui causer aucune maladie, lui donne une nouvelle vigueur.

Les vins du Chily sont assez délicats, sur tout ceux de la Conception ; mais comme les Espagnols n'ont point dans ces Colonies l'usage des pipes ni des tonneaux, & qu'ils se servent de peaux de bouc pour transporter leurs vins, ils prennent aisément le goût de la graisse, & une certaine odeur desagréable qu'ils ne perdent jamais. Ces vins ne se conservent pas sur mer, & les François preferent dans leurs voyages les vins du Perou, qui resistent davantage, mais qui sont moins agréables.

Je ne pouvois mieux, Monsieur, finir ma Lettre qu'en vous entretenant de vandanges. Nous attendons encore de nouveaux vaisseaux de France, je me flatte de recevoir de vos nouvelles à leur arrivée. Nous allons entrer dans le Perou, & je vous avouë que j'ai une impatience extrême de voir le fameux Empire des Incas. Je suis très-parfaitement &c.

LETTRE TROISIE'ME.
A Lima le 7. Novembre 1715.

BENI soit celui qui inventa l'usage des Lettres, c'est un commerce qui rend present les gens les plus éloignez : je fais cette reflexion, Monsieur, à l'occasion de votre derniere Lettre, qui, selon sa datte, a été neuf mois en chemin. En effet, c'est quelque chose de bien consolant pour des gens de l'autre Monde, que de recevoir des nouvelles de leurs amis. J'ai quelquefois assez d'amour propre, pour m'imaginer que mes Lettres vous font autant de plaisir, que les vôtres me donnent de satisfaction. C'est-là, je vous l'avouë, un de mes châteaux en Espagne, mais quelque chimerique que puisse être cette idée, j'aime trop ce qui me flatte, pour ne pas éloigner avec soin tout ce qui pourroit détruire une opinion si chere.

Prendrez-vous part à mes peines, Monsieur, ce Perou fameux par ses richesses, & dont le nom seul fait soupirer les avares : ce Perou dont je souhaitois la vûë avec tant d'impatience, est de tous les païs, le païs le plus triste & le plus ennuyeux. Ce que j'ai vû jusqu'à present ne repond gueres à la magnifique idée que je m'en étois formé, & me fait regretter sans cesse les bois & les charmantes plaines du Chily.

Je partis il y a environ quatre mois pour aller à Arica, où je trouvai les affaires du commerce dans un état pitoyable. Je n'envisage plus mon retour en France, que comme une belle perspective, & je suis tombé dans une mélancolie si noire, que tout l'art de la Medecine n'a pû encore purger mon sang de la bile qui le corrompt. Cependant je me roidis contre l'ennui & les contretems ; la Philosophie triomphera, & l'homme marchand sera obligé de ceder à l'homme philosophe.

Arica est une ville peu considerable par elle-même, mais qui est fort renommée par le commerce qu'y font les Espagnols qui viennent du Potosi, & des mines du Perou. Quoiqu'elle soit située sur le bord de la mer, l'air y est fort malsain, & on l'appelle communément le tombeau des François. Mais je crois que l'air, à qui souvent l'on attribue bien des mauvaises qualitez qu'il n'a pas, ne contribue pas tant aux maladies qui y regnent, que la qualité du vin, qui est violent & fumeux, & dont nos François ne mesurent pas toujours la dose. Quoiqu'il en soit, les habitans de cette ville ont l'air moribond, sont tourmentez de fievres malignes, & ressemblent plûtôt à des spectres qu'à des hommes. Il y a auprès de cette ville une montagne d'où provient, dit-on, le mauvais air; elle est couverte d'ordures de ces oiseaux que nous apellons Goüellans & Cormorans qui s'y retirent pendant la nuit. Comme il ne pleut jamais dans la plaine du Perou, & que les chaleurs y sont excessives, ces ordures échauffées exhalent une odeur pestiferée, & infectent l'Air.

Le nombre de ces vilains oiseaux est si grand, que l'Air en est quelquefois obscurci. Ils donnent la chasse au poisson d'une maniere assez particuliere: ils forment sur l'eau un grand cercle, qui a quelquefois une demie lieuë de circuit, & ils pressent leurs rangs à mesure que ce cercle diminue. Lorsqu'ils ont assemblé par ce moyen au milieu d'eux une grande quantité de poisson, ils plongent, & le poursuivent sous l'eau, tandis qu'une troupe d'autres oiseaux, dont le bec est fort long & pointu vole au dessus de ce cercle, & se precipite dans la mer pour avoir part à cette chasse, & en ressort incontinent avec sa proye. Nos Matelots attrapent ces derniers oiseaux, en plantant à fleur d'eau & à vingt pas du rivage un pieu fait en forme de lance, au bout duquel ils attachent un petit poisson. Ces oiseaux fondent sur cette proye avec tant d'impetuosité, qu'ils restent presque toûjours clouez sur ce pieu : tous ces animaux ont un goût detestable, & il faut être Matelot pour en pouvoir seulement souffrir l'odeur.

On voit sur cette côte un nombre infini de Baleines, de Loups marins, de Pinguins, & autres animaux de cette espece. Les Baleines s'approchent même si près du rivage, qu'elles y échouent quelquefois.

Le Gouverneur retire un gros revenu de l'ordure de ces oiseaux dont j'ai parlé. On s'en sert pour engraisser les terres qui sont seches & arides, & dont l'ardeur du Soleil consume toute l'humidité naturelle. Il y a des vaisseaux qui viennent deux fois chaque année enlever & achetter cette vilaine marchandise, que les
habitans

hebitans du païs appellent *Guana*. La montagne d'où on la tire est creuse, & l'on prétend sans beaucoup de fondement qu'elle étoit autrefois une mine d'argent très-abondante. Les gens du païs ont là-dessus des idées fort chimeriques, & s'imaginent que le Diable reside dans les concavitez de cette montagne, aussi-bien que dans un autre rocher nommé *Morno de los Diablos*, qui est situé à l'embouchure des rivieres d'Yta & de Sama, à 15. lieuës d'Arica. Ils prétendent que les Indiens ayant été vaincus par les Espagnols, y avoient caché des tresors immenses, & que le Diable pour empêcher les Espagnols d'en jouïr avoit tué plusieurs Indiens qui avoient voulu les découvrir. Ils disent de plus, qu'on entend sans cesse un bruit étrange auprès de ces montagnes; mais comme elles sont situées sur le bord de la mer, je ne doute point que les eaux qui entrent avec violence dans ces concavitez, ne produisent ce prétendu bruit, que les Espagnols (qui ont l'imagination vive, & qui trouvent le merveilleux en toutes choses) attribuent à la puissance & à la malice du diable.

Quelques jours après mon arrivée à Arica,

Arica, je reconnus la verité du proverbe qui dit, que les plus hautes montagnes ne font pas à couvert de la chute, & la fausseté de celui qui dit, que les montagnes ne se rencontrent jamais. Il y eut un tremblement de Terre si extraordinaire, qu'il se fit sentir à 200. lieuës à la ronde. Arica, Ylo, Tobija, Arreguipa, Tagna, Mochegoa, & autres villes & bourgs furent renversez: Les montagnes s'écroulerent, se joignirent, & engloutirent les villages situez ou sur les colines, ou dans les vallées. Ce desordre dura pendant deux mois entiers, par intervalles; les secousses étoient si violentes qu'on ne pouvoit se tenir debout. Cependant peu de personnes perirent sous les ruines des maisons, parce qu'elles ne sont bâties que de roseaux revêtus d'une terre fort legere. Nous fumes obligez pendant un mois de vivre en rase campagne, & de camper sous des tentes.

Quelque-tems après cet accident, la femme d'un Espagnol accoucha à terme d'un enfant mâle, & six semaines après elle en mit un autre au monde, qui étoit noir comme le sont tous les esclaves de Guinée. Elle confessa sans beaucoup de façons,

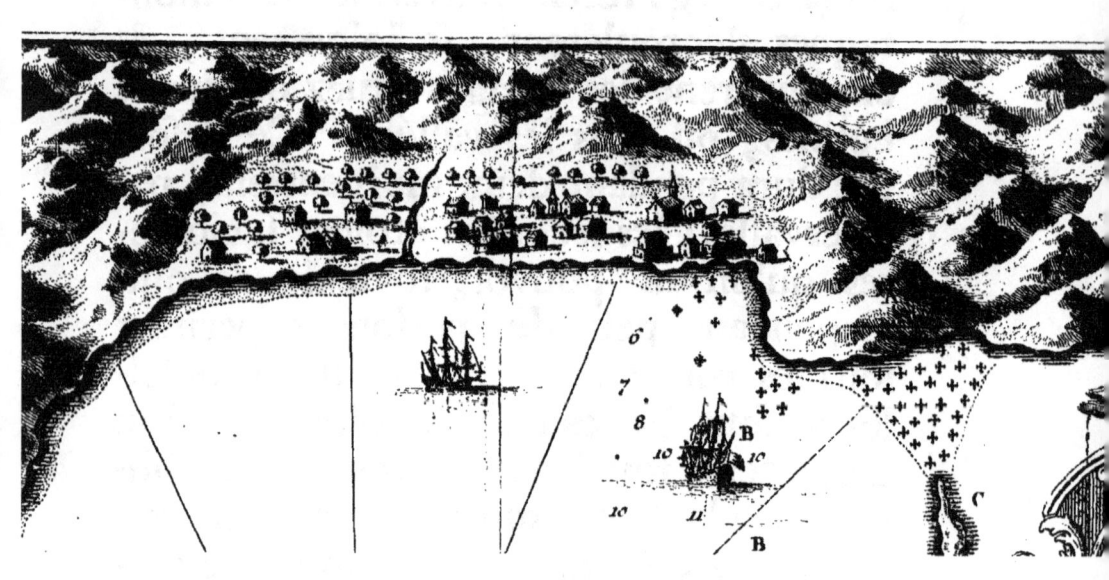

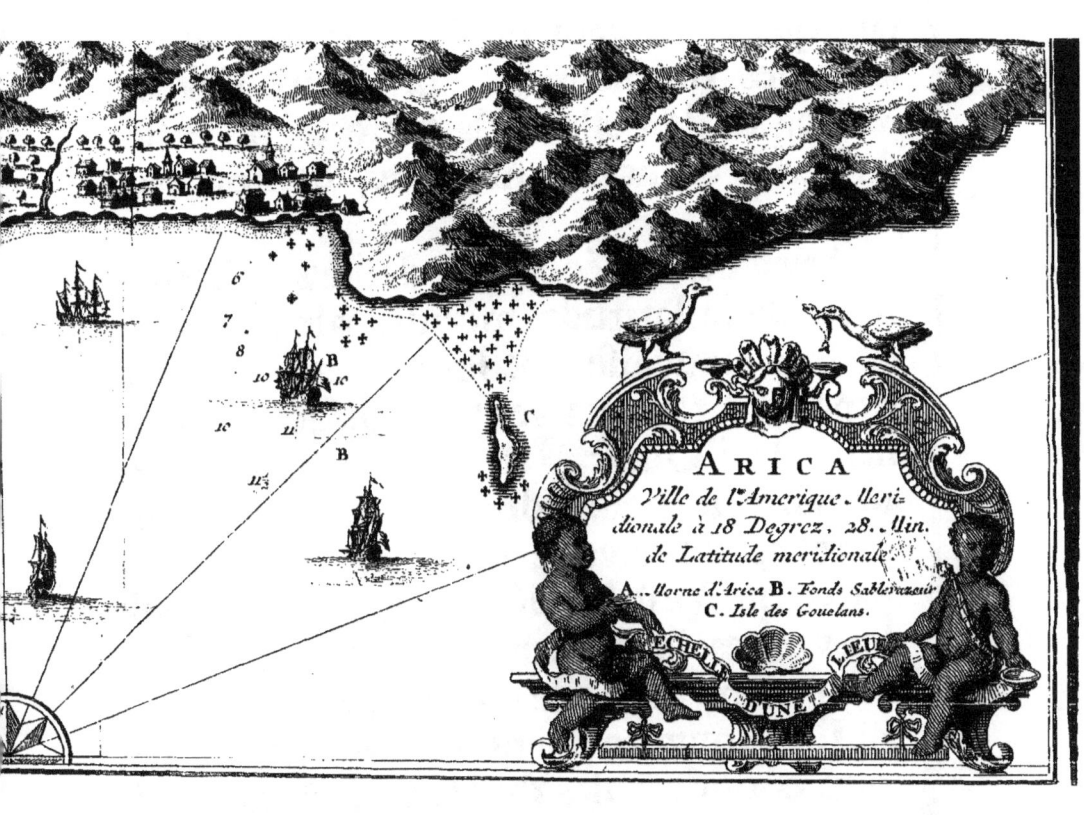

façons, que s'étant reconnue enceinte du fait de son mari, elle s'étoit abandonnée à un de ses esclaves noirs, qui sans doute étoit le pere de ce second enfant. Je laisse aux Physiciens à donner la raison d'un fait qui est aussi certain qu'extraordinaire. Cette double grossesse ne me surprend pas tant que la couleur de l'enfant, qui selon les règles ordinaires de la nature devoit participer de celle de la mere & de celle du pere, & naître mulatre, & non pas tout noir.

Arica est située à 18. degrez 28. minutes de la latitude meridionale, sa rade est fort mauvaise, & les vaisseaux y sont exposez à tous les vents. Lorsqu'ils viennent de l'Ouest, il ne faut pas entreprendre de descendre à terre, ni s'approcher du rivage avec les chaloupes, parce qu'il est bordé d'écueils sur lesquels les vagues se brisent, & qui en rendent l'approche difficile & dangereuse.

Le Gouvernement d'Arica est un des plus considerables du Perou, à cause du grand commerce qui s'y fait. Nous trouvâmes dans ce port 7. vaisseaux François qui avoient une liberté entiere de trafiquer. Le Gouverneur lui-même, qui est très-riche, & d'une probité infinie nic dans le commerce, faifoit des achats confidérables pour envoyer aux mines; il nous reçut d'une maniere très-honnête, & ne tarda pas à achetter une partie de notre carguaifon.

On trouve à une lieuë de la ville, une belle vallée remplie d'oliviers, de palmiers, de Bananiers, & autres arbres femblables, plantez fur les bords d'un torrent qui coule entre deux montagnes, & qui vient fe jetter dans la mer près d'Arica. Je n'ai vû en aucun endroit du monde une fi grande quantité de Tourterelles, & de Pigeons ramiers, les Moineaux ne font pas plus communs en France. On trouve auffi communement dans cette partie du Perou, un animal que les Indiens nomment *Guanapo*, & les Efpagnols, *Carnero de la tierra*. C'eft un mouton fort gros, dont la tête reffemble beaucoup à celle du Chameau. Sa laine eft précieufe & plus fine que celle dont nous nous fervons en Europe. Les Indiens fe fervent de ces animaux en guife de bête de fomme, & leur font porter le poids de 200. livres; mais lorfqu'ils font furchargez, ou trop fatiguez, ils fe couchent & refufent de marcher. Si le conducteur s'opiniâtre à vouloir à force

de

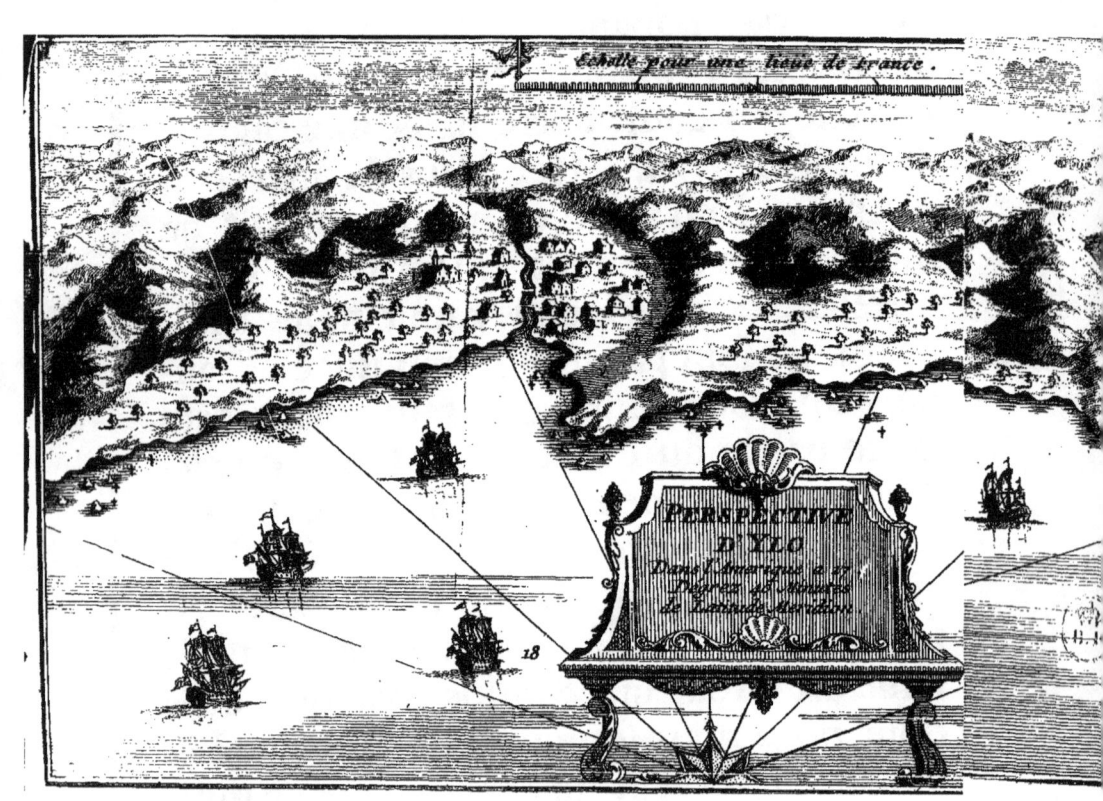

de coups les faire relever, alors ils tirent du fond de leur gofier une liqueur noire & puante, & la lui vomiffent au vifage.

Je quittai enfin une ville, où je craignois à tout moment d'être englouti. J'arrivai à Ylo, petit bourg à 40. lieuës d'Arica, & fitué au bord de la mer à 17. degrez 40. minutes de la latitude meridionale. Il y a une vallée plantée d'oliviers, & arrofée par un torrent qui tarit en hiver, mais que les neiges fondues qui tombent du haut des montagnes voifines, enflent confiderablement en été. Remarquez, s'il vous plaît, Monfieur, que le mot d'hiver dont je me fers ne doit être entendu que par raport aux hautes montagnes du Perou, & non par rapport à la plaine, où la chaleur & l'été font continuels. Nos François avoient fait bâtir plufieurs magafins dans cette vallée, ce qui fe fait en peu de tems, & à peu de frais ; mais les derniers tremblemens de terre en avoient renverfé la plus grande partie.

A 40. lieues d'Ylo du côté des montagnes, il y a deux villes celebres, Mochegoa, & Villahermofa d'Arequipa. Cette derniere s'eft fignalée au commencement du regne de Philippe V. Les
femmes

femmes vendirent leurs joyaux, & les hommes envoyerent de très-grosses sommes à leur Prince, pour lui aider à soûtenir la guerre contre l'Archiduc. Ces deux villes sont aussi fameuses par leurs vins, qui sont les meilleurs & les plus délicats de ce Royaume.

Après avoir séjourné cinq jours dans ce Bourg, je resolus de penetrer plus avant dans le Perou, esperant que j'y trouverois l'occasion de me défaire avantageusement de mes marchandises. Je m'embarquai dans une petite Fregate nommée la Bien aimée, qui faisoit voile pour Pisco. Cette ville n'est éloignée de Lima que de 50. lieues. Elle est située à 14. degrez 9. minutes de la latitude meridionale, à un quart de lieue de la mer. J'y arrivai le 10 de Septembre après huit jours de navigation. Je ne vous fais point le détail de tous ces voyages que j'ai fait par mer sur les côtes de ce Royaume. Je vous dirai seulement que la côte du Chily & du Perou s'étend du midi au Septentrion : que les vents viennent presque toûjours du midi, ce qui rend la navigation du Chily au Perou facile & commode : on ne perd jamais la Terre de vue : il n'en est pas de même, lorsqu'on veut retourner du Perou au Chily, c'est-à-dire du septentrion au midi, car il faut alors cingler vers l'Ouest, & s'éloigner de la terre en louvoyant continuellement.

La ville de Pisco fut abîmée l'an 1690. par les tremblemens de terre: elle étoit située sur les bords de la mer. La terre s'étant émue avec violence, la mer se retira à deux lieues loin de ses bords ordinaires. Les habitans surpris d'un évenement si étrange, s'enfuirent dans les montagnes ; quelques-uns plus hardis, mais moins heureux, s'avancerent & contemplerent avec un étonnement mêlé de crainte ce nouveau rivage. Trois heures après la mer voulant rentrer dans les mêmes espaces qu'elle occupoit auparavant, revint avec tant d'impetuosité, qu'elle engloutit tous ces malheureux, que la fuite, & la vitesse de leurs chevaux ne put derober à la mort. La ville fut submergée, & la mer penetra fort loin dans la plaine. La rade où les vaisseaux jettent l'ancre aujourd'hui, est le lieu même où la ville étoit autrefois assise, *nota quæ sedes fuerat columbis*.

Je ne puis vous rendre raison, Monsieur,

fieur, d'un phénomene si étrange, qu'en supposant que les terres qui étoient au dessous de la mer à une certaine distance du rivage, s'étoient élevées presque au niveau de ce même rivage, & avoient par consequent changé la détermination du cours des eaux; & qu'ensuite le flux de l'Ocean ayant repoussé les eaux avec impetuosité, les avoit pour ainsi dire, forcées d'occuper les espaces qu'elles occupoient auparavant, & de leur faire regagner dans la longueur ou extension, ce qu'elles avoient perdu dans la profondeur.

La ville de Pisco ayant été ruinée de la sorte, fut rebâtie à un quart de lieue de la mer. Sa situation est assez agréable; la noblesse de la Province y fait son sejour, & le voisinage de Lima y amene beaucoup de negocians, lorsque nos vaisseaux veulent y rester. Il y a deux Convents, une Eglise collegiale, un Hospice de Jesuites, & un Monastere de Recolets qui est situé au bout d'une avenue d'oliviers, dans un lieu très-solitaire. Leur Eglise est très-propre, & les Cloîtres sont charmans malgré leur simplicité.

Les vaisseaux peuvent jetter l'ancre, ou devant la ville, ou dans un enfoncement

ment qui eſt à deux lieues plus haut vers le midi, nommé *Paraca*. Ce dernier ancrage eſt le meilleur, mais le moins commode, parce que ce Canton eſt deſert.

A 4. lieues au midi on voit une montagne, où l'on prétend que les Indiens s'aſſembloient autrefois pour adorer le Soleil. La tradition marque qu'ils jettoient du haut de cette montagne dans la mer des pieces d'or & d'argent, des émeraudes, dont ce païs abondoit, & d'autres bijoux qui étoient en uſage parmi eux.

Ce païs eſt fort beau, & l'air y eſt plus pur que dans les autres ports du Perou. Il s'éleve ſur toutes les côtes de ce Royaume un vent frais à 9. heures du matin, qui tempere la chaleur, la providence ayant ainſi remedié à l'intemperie de l'air. Je vous ai déja dit, Monſieur, qu'il ne pleuvoit jamais ſur les côtes maritimes du Perou, mais j'ai oublié de vous dire quelle en peut être la cauſe. Pour moi je l'attribue au vent du midi, qui y ſoufle ſans ceſſe, & qui pouſſant ſans ceſſe les exhalaiſons de la Terre vers le ſeptentrion, les empêche de s'élever aſſez haut pour pouvoir former des nuages: ce qui me le perſuade, eſt que les païs qui ſont

ſituez

situez derriere les montagnes, & qui sont sujets à des vents variables, le sont aussi aux vicissitudes des saisons & à une pluye abondante.

Le commerce est assez florissant à Pisco, quand les François n'ont pas l'entrée libre dans le Port du Callao, qui est le port de la ville de Lima, & le plus considerable du Perou. Les François craignant que le Gouvernement ne changeât, & qu'il ne leur devînt aussi contraire, qu'il leur avoit été favorable jusques alors, profitoient des bonnes dispositions du Viceroi, qui prévoyant de son côté que son regne ne seroit pas de durée, leur avoit facilité le commerce à cause du profit qu'il en retiroit. Tous nos vaisseaux se rendoient au Callao, où l'on s'imaginoit de pouvoir terminer plus promptement ses affaires. C'est là une des plus grandes fautes que nos François ayent fait ces dernieres années; car s'ils étoient restez à Pisco, ils auroient vendu leurs marchandises plus avantageusement, & avec plus de sûreté. Les droits y étoient peu considerables en comparaison de ceux qu'on payoit au Callao. Dans ce dernier port, ils étoient obligez de livrer leur carguaison aux Ministres

tres de la Douanne, & de leur payer un droit de 13. pour cent, qui tournoit au profit du Viceroi & de ses Officiers. D'ailleurs ils couroient de grands risques, car le Viceroi qui avoit des ordres positifs de la Cour d'Espagne de ne les point souffrir dans le Perou, pouvoit sur le moindre pretexte confisquer tous leurs effets, faire arrêter les vaisseaux, & effacer sa desobéissance, en envoyant en Espagne les Capitaines & Officiers François pieds & poings liez. Je ne pretends point pourtant blâmer leur conduite. Nous jugeons des évenemens par la réussite, mais ce n'est pas toûjours une maniere de juger qui soit équitable: d'ailleurs les circonstances les justifient, & il est bien difficile de prendre un bon parti, quand on ne sait lequel prendre.

J'étois si proche de la Capitale du Perou, que je ne pus resister au desir que j'avois de la voir; je mêlois dans ma curiosité des motifs d'interêt, qui me déterminerent à faire ce voyage. Il n'y avoit aucun vaisseau à Pisco, & il me fallut prendre le parti d'aller par terre. J'essuyai de grandes fatigues; jugez-en par le recit.

Je partis de Pisco le 4. de Septembre 1715.

1715. & j'entrai dans la Province de Chincha, qui a pour Capitale aujourd'hui un petit Bourg d'Indiens, qui porte le nom de la Province: ce Bourg étoit autrefois une ville puissante, qui dans son étendue contenoit plus de 200. mille familles. On comptoit dans cette Province plusieurs millions d'habitans, cependant elle est deserte, & à peine y reste-t-il aujourd'hui 500 familles. Il est aisé de juger par là combien les Espagnols en ont détruit. Ils ne font pas difficulté d'avouer eux-mêmes que leur victoire a coûté tout le sang de ces malheureux.

Je vis sur la route les vestiges de ces Geants, dont parle l'histoire du Perou, qui furent frappez de la foudre, & punis par le feu du Ciel, pour un crime qui attira autrefois la colere de Dieu sur les villes de Sodome & Gomorrhe. Les Espagnols ont longtems pris pour des fables ce que les Indiens racontoient sur ce sujet, mais ils n'en doutent plus aujourd'hui. Voici quelle est la tradition des Indiens, & le recit que m'en ont fait les Espagnols. Ils disent que pendant un de-
„ luge qui inonda leur païs, ils se reti-
„ rerent sur les plus hautes montagnes,
„ jusqu'à ce que les eaux se fussent écou-
„ lées

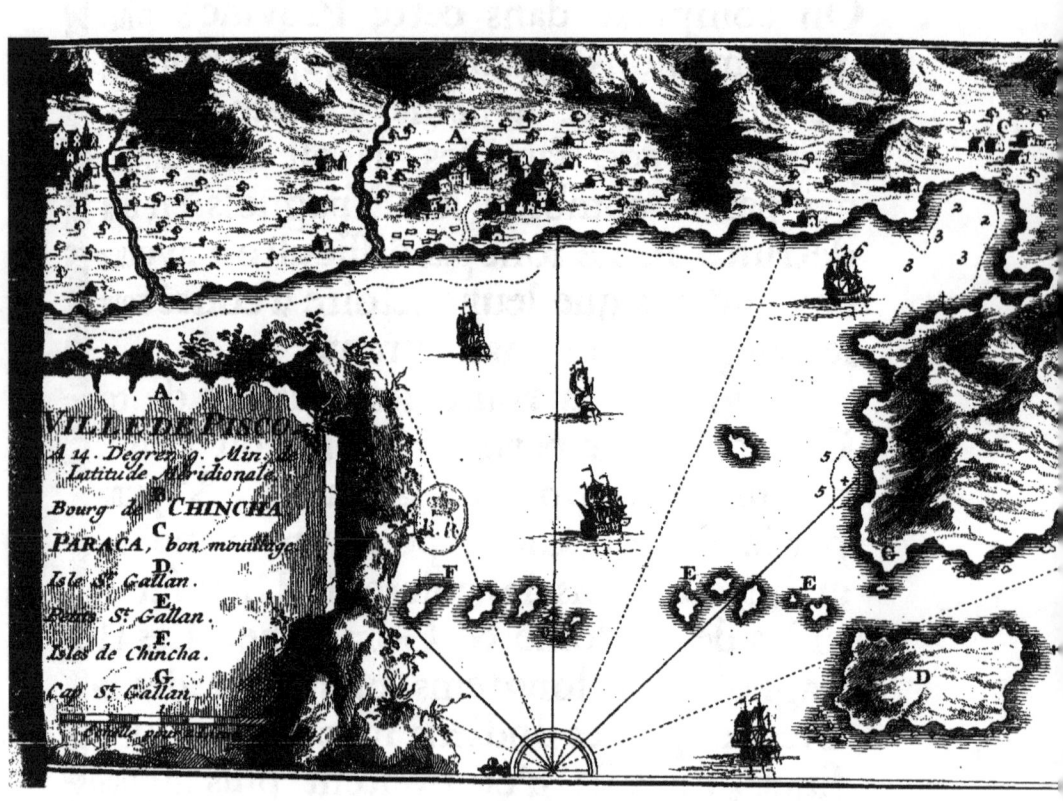

„ lées dans la mer : que lorsqu'ils descen-
„ dirent dans les plaines, ils y trouve-
„ rent des hommes d'une taille demesu-
„ rée, qui leur firent une guerre cruelle :
„ Que ceux qui échapperent à leur bar-
„ barie furent obligez de chercher un
„ azyle dans les cavernes les plus solitai-
„ res de ces montagnes : Qu'après y a-
„ voir demeuré plusieurs années, ils vi-
„ rent un jeune homme dans les airs qui
„ foudroya ces Geants, & que par leur
„ défaite, ils se trouverent dans la liber-
„ té de retourner dans leurs anciennes
„ demeures". Mes guides me montrerent plusieurs marques de la foudre imprimées sur un rocher, des os d'une grosseur extraordinaire, qu'ils prétendent être les os de ces Geants. On n'a pû savoir en quel tems ce deluge est arrivé. C'est peut-être un déluge particulier, tel que celui de la Thessalie, dont on demêle la verité parmi les fables que les Anciens ont debité de Deucalion & de Pyrrha. Quant à l'existence & au crime de ces Geants, vous en croirez, Monsieur, ce qu'il vous plaira. Je n'exige point de votre complaisance une credulité dont je vous raillerois peut-être moi-même quelque jour.

On trouve encore beaucoup d'Indiens

qui confervent une idée fort chere de leur Roi Atabalippa, qui fut tué par les Efpagnols contre le droit des gens: affaffinat qui foüillera éternellement la gloire de ces Conquerans. Je ferai ici une petite digreffion, pour vous donner une legere idée de la conquête de ce Royaume.

Je ne vous parlerai point de l'origine de ces peuples, ni de la maniere dont ils ont pû fe retirer dans des lieux d'une fi vafte étendue, & feparez du refte de la terre par tant de mers. Je laiffe ces matieres à des gens plus éclairez, ou plûtôt dans une matiere fi obfcure, je foufcris aux conjectures d'autrui. Ainfi que l'Amerique foit l'Ifle Atlantique, comme quelques Commentateurs de Platon le prétendent, ou qu'elle foit jointe au refte de la Terre, comme le croyent quelques Voyageurs modernes: c'eft ce que je ne deciderai point.

La conquête du Mexique avoit donné aux Efpagnols une legere connoiffance des païs qui étoient au midi de ce Royaume. Trois habitans de Panama firent une focieté pour découvrir ces terres, aufquelles ils donnerent le nom de Peru, du nom de Beru, petite riviere qui fe jette dans la mer à 130. lieues au-deffus de de Panama. François Pisarre & Diego d'Almagro furent les chefs de cette entreprise. Il faut croire, puisque les Espagnols le veulent, que le zele de la Religion en fut le premier motif. Ils furent exposez à plusieurs travaux, & les Indiens qu'ils vouloient soumettre, les obligerent deux fois à retourner à Panama, sans qu'ils eussent pû penetrer encore dans le pays, & avoir une idée bien distincte du genie de ces peuples. Leur entreprise auroit peut-être entierement échoué, si l'esprit de division qui regnoit parmi les Yncas du Perou, n'avoit applani les obstacles qui s'opposoient à cette conquête.

Guaynacava avoit réuni sous sa domination tous les Indiens de la Montagne & de la plaine, & ses victoires l'avoient rendu plus illustre & plus puissant qu'aucun de ses predecesseurs. Il laissa deux fils, Huascar & Atabalippa. Ce dernier se trouva lorsque son pere mourut dans la Province de Quito, qui avoit été nouvellement conquise. Ses amis lui conseillerent de s'en rendre le maître, en lui representant que son frere Huascar auroit une Monarchie assez puissante en possedant le Royaume de Cusco, & les autres Provinces situées au midi.

Atabalippa étoit d'un esprit vif & remuant, & n'avoit aimé jusqu'alors son frere, que parce que son ambition ne lui avoit pas encore appris à le haïr. Il prêta volontiers l'oreille à des conseils, qui flattoient sa passion. Neanmoins pour garder quelques mesures, & pour donner quelque apparence de raison à la revolte qu'il meditoit, il envoya des Deputez à son frere, & lui fit dire, " Qu'il
" n'ignoroit pas que la mort de leur pere,
" & le droit d'aînesse le mettoit en pos-
" session des Royaumes qui lui avoient
" appartenu; mais qu'en reservant pour
" lui la Province de Quito, il lui reste-
" roit encore assez de païs & de Royau-
" mes pour satisfaire son ambition. Qu'il
" tiroit comme lui son origine du Soleil,
" pere de tous les Yncas de sa race, &
" qu'il seroit honteux qu'un sang si illus-
" tre fût reduit à la necessité d'obéir
" &c.

Huascar étoit aussi mol qu'Atabalippa étoit vif & entreprenant; cependant la jalousie & le desir de regner seul, fit sur son cœur ce que le courage n'auroit pas fait. Il reçut cette ambassade en aîné fier & jaloux de ses droits. On se prepara

para à la guerre de part & d'autre. Les deux freres aſſemblerent de nombreuſes armées. Les Troupes d'Atabalippa furent par tout victorieuſes, & Huaſcar étoit reduit à de triſtes extremitez, lorſque les Eſpagnols parurent pour la troiſiéme fois ſur les côtes de cet Empire.

François Piſarre & ſes compagnons ne s'étoient point laiſſez abattre par le mauvais ſuccès de leurs premieres courſes. Ils partirent de Panama dans la reſolution de vaincre ou de perir. Les merveilles qu'ils avoient raconté de ces païs, & plus que tout encore, l'or qu'ils en avoient rapporté, avoient excité la cupidité des Eſpagnols. Ils avoient formé un corps de quatre ou cinq cens hommes, qui s'étoit déja rendu redoutable par pluſieurs combats, & par la deroute des Indiens voiſins de la mer.

Leur reputation vola bien-tôt dans les armées des deux freres, mais elle n'y produiſit pas l'effet qu'elle devoit y produire. Au lieu de réunir leurs forces, & de ſuſpendre leurs inimitiez, pour s'oppoſer à cet ennemi commun, l'un & l'autre chercha à ſe le rendre favorable, & à l'attirer dans ſon parti par l'eſpoir de la recompenſe. D'ailleurs la ſuperſtition avoit fait paſser les Espagnols pour fils du Soleil, & les Indiens étoient devenus leurs adorateurs, quoique la mort de quelques-uns qui perirent, dans les premiers combats eût dû leur faire perdre l'opinion de cette prétendue Divinité.

Les deux freres leur envoyerent des Députez, avec des presens si riches, qu'ils irriterent l'avarice des Espagnols. Ceux-ci resolurent de profiter de ces heureuses dispositions : ils continuerent leur marche, laissant par tout des marques de leur cruauté & de leur avarice. Atabalippa épouvanté par les prédictions de son pere Guaynacava, qui peu de tems avant sa mort lui avoit prédit que le puissant Empire des Yncas finiroit, lorsque certains peuples blancs & barbus viendroient du septentrion sur des maisons flottantes porter la guerre dans leur pays : Atabalippa, dis-je, perdit ce courage, & cette ambition qui l'avoit armé contre son frere: Il crut que l'oracle fatal étoit accompli, & que les decrets du Ciel étoient inévitables. Il n'osa point s'opposer aux progrès de l'Armée Espagnole, ni prendre les mesures necessaires pour la conservation de son empire. Il voyoit d'ailleurs que ses Troupes étoient déja vaincues par

la

la crainte & par la terreur que traînoit après soi une Armée de peuples inconnus, que la credulité du vulgaire avoit déifiez.

Atabalippa se soûmit à la Providence, & se livra entre les mains des Espagnols, croyant reculer sa perte par cette confiance. Huascar étoit fugitif & errant avec les debris de son armée, vers les extremitez de Cusco. Il n'osa point s'approcher des Espagnols, voulant attendre quel seroit le sort de son frere, avant que de se déterminer. Ce malheureux jouït peu long-tems du fruit de sa prevoyance, & tous les Historiens conviennent qu'Atabalippa avoit suborné depuis long-temps des assassins, qui le firent mourir quelques jours avant qu'il fût fait prisonnier lui-même.

Les Espagnols éblouïs des richesses qu'ils avoient devant les yeux, cherche- rent bien-tôt un pretexte plausible pour se défaire des Indiens & de leur Roi. La Religion leur en fournit un. Un Evêque ayant voulu convaincre Atabalippa des veritez de la Religion chrétienne, & cet Yncas faisant peu de cas de ce qu'il ne comprenoit point, le Predicateur de l'Evangile devint le herault de la guerre.

On attaqua les Indiens, on les paſſa au fil de l'épée : Atabalippa lui-même fut renverſé de ſon Trone, & reſta priſonnier & chargé de chaines dans le camp Eſpagnol. Les Indiens ne firent aucune reſiſtance, & on peut dire dans un ſens, que la Religion fut le motif de la guerre dans les uns, & celui de la paix dans les autres. Si les Eſpagnols prétendirent vanger par ce maſſacre le mépris que l'Ynca avoit fait des myſteres de notre Foi, celui-ci par ſoumiſſion aveugle aux decrets de la Providence, dont il croyoit voir l'accompliſſement, commanda aux ſiens de ſe laiſſer égorger, piûtot que de s'oppoſer par une reſiſtance aſſez naturelle, aux ordres du Ciel.

Atabalippa ayant été pris contre le droit des gens, de la maniere que je viens de le rapporter, offrit de grands treſors pour ſa rançon, & pour briſer les fers dont ſes vainqueurs l'avoient impitoyablement chargé. Sa priſon avoit conſterné ſes Sujets, dont l'amour pour leur Prince alloit juſqu'à l'adoration : ils offroient leurs biens & leurs libertez pour ſa délivrance ; mais l'avarice eſt un monſtre, qui ne dit jamais, *c'eſt aſſez*. Huaſcar étoit mort, comme je l'ai déja dit,

&

& les Espagnols s'étant imaginez qu'ils pourroient devenir paisibles possesseurs de ces Royaumes par la mort d'Atabalippa, lui susciterent de fausses accusations, dont la Religion fut encore le fondement. Ils l'accuserent d'avoir mal parlé de la loi de Jesus-Christ, & d'avoir fait mourir son frere Huascar. Je vous laisse à juger, Monsieur, s'il appartenoit à des étrangers de decider du sort d'un Roi, que sa bonne foi seule avoit remis entre leurs mains. Ils formerent une Junte ou Parlement, dans lequel ils n'eurent point d'horreur de prononcer une sentence de mort contre ce malheureux Prince. Atabalippa mourut en heros, & attira sur ses bourreaux les vengeances celestes.

Je passe sous silence, Monsieur, la guerre ou plûtôt les cruautez que les Espagnols continuerent d'exercer contre les Indiens, & enfin tout ce que la faim de l'or fit commettre à des gens qui en faisoient leur idole. Les chefs de l'entreprise se diviserent, & vangerent les uns sur les autres tant de cruautez. Le Perou devint le theâtre d'une guerre sanglante, & l'avarice qui dès le commencement avoit produit de si tristes catastrophes, en produisit de plus funestes encore dans les suites. Je reviens à mon sujet.

Les Indiens conservent tres-cherement le souvenir du dernier de leurs Yncas. Ils s'assemblent encore dans quelques endroits du Perou, pour celebrer sa Memoire. Ils chantent des vers à sa louange, & jouent sur leurs flutes des airs si touchants, qu'ils excitent la compassion de ceux qui les entendent; les uns s'attendrissent eux-mêmes par leurs chants, les autres, sur tout ceux qui sont d'un naturel bilieux, tombent dans une humeur noire, qui les porte à se dévouer à la mort & à se précipiter du haut des montagnes pour rejoindre leur Prince, & lui rendre dans l'autre monde les services qu'ils lui auroient rendu dans celui-ci.

On trouve dans la Province de Chincha plusieurs tombeaux antiques. J'en vis un dans lequel on avoit trouvé deux hommes & deux femmes, dont les cadavres étoient assez entiers pour pouvoir connoître la difference des deux sexes, quatre pots d'argile, quatre tasses, deux chiens, & plusieurs pieces d'argent. C'étoit là sans doute la maniere dont ils inhumoient les morts : comme ils adoroient le Soleil, & qu'ils s'imaginoient qu'en mourant ils devoient comparoître

devant

devant cet Astre, ils mettoient dans leurs tombeaux ces sortes de presens pour les lui offrir, & pour le flechir en leur faveur.

Dans plusieurs endroits du Perou les cadavres restent entiers & conservent leur forme naturelle, soit que l'extrême sécheresse de la Terre produise cet effet, soit qu'il y ait quelqu'autre qualité occulte qui les maintienne sans corruption. Ce dernier sentiment auroit eu l'approbation du bon homme Aristote.

La Province de Chincha est un peu moins aride que les Provinces voisines, à cause de la quantité des Rivieres qui l'arrosent: ce sont des torrents formez par les neiges fondues, qui tombent avec rapidité du haut des montagnes. Ils deracinent, entraînent les arbres, & roulent des morceaux de rochers. Leur lit n'est pas profond, parce que les eaux se partagent en plusieurs bras, mais leur cours n'en est que plus rapide. On est souvent obligé de faire plus d'une lieue dans l'eau, & on est heureux quand on ne trouve point de ces arbres & de ces rochers que le torrent roule, & qui mettent la vie en grand danger, parce que les mules intimidées, & déja étourdies par la rapidité, & par le bruit des eaux, tombent, & sont entraînées dans la mer, avec le cavalier, sans qu'on puisse leur donner aucun secours. Il y a aux bords de ces torrents des Indiens que les Espagnols appellent *Cymbadores*, qui connoissent les guais, & qui conduisent les voitures, en jettant de grands cris pour animer les mules, & pour les empêcher de se coucher dans l'eau.

J'arrivai le premier jour vers le soir dans un hameau nommé le *Tambo* de Guaynacava. *Tambo* est un édifice où les Yncas renfermoient leurs tresors. Celui-ci n'est plus aujourd'hui qu'une masure qui ne conserve que le nom de ce qu'il fut autrefois. Je portois avec moi toutes mes provisions, l'eau, le vin, la viande, le pain, & même mon lit. Lorsque je voulus souper, je fus fort surpris de voir que la chaleur les avoit corrompues. Je n'avois mangé de tout le jour, mais l'apetit ne pouvoit vaincre la repugnance que j'avois de manger des viandes gâtées. Je m'armai de patience, qui est à mon avis la plus sotte des vertus, lorsque la faim se fait sentir. Je partis de ce lieu sans m'y arrêter davantage, & après avoir marché pendant toute la nuit, j'arrivai au point du jour à Cagnete petit bourg de cette Province. J'étois à demi mort de faim, de laſſitude & de ſommeil: cette derniere neceſſité triompha des autres: mon manteau me ſervit de matelas, & ma ſelle d'oreiller, tandis qu'une pauvre Indienne aprêtoit pour mon déjeuner un ragoût à la mode du païs: tout deteſtable qu'il étoit, la faim me le fit trouver délicieux.

Je parcourus ce bourg d'un bout à l'autre. Les Habitans me parurent pauvres & miſerables. Leur nourriture la plus commune eſt le bled d'Inde & le poiſſon ſalé. Il s'en faut beaucoup qu'ils ayent les mêmes beaucoup commoditez qu'ont les Indiens du Chily. Le climat eſt très-different, & cette terre eſt deſerte & ingrate. L'habillement des femmes me parut ſingulier. Elles ont une petite caſaque qui ſe croiſe ſur leur ſein, & qui s'attache avec une épingle d'argent longue de dix pouces, dont la tête eſt ronde & platte & a 6. ou 7. pouces de diametre. Une fille auroit en France une dot raiſonnable avec un millier de ces épingles. Dans quelque neceſſité qu'elles ſe trouvent, elles aiment mieux la ſouffrir que de ſe défaire de cet ornement biſarre. Les

Les eaux du torrent de Cagnete s'étoient débordées de tous côtez d'une telle maniere, que toute la campagne en étoit inondée. Mes guides me dirent qu'on ne pouvoit, sans se risquer beaucoup, continuer la route ordinaire, & qu'il falloit me resoudre à faire une journée de plus, & à passer sur un pont qui étoit au haut de la montagne; qu'autrement il me faudroit attendre plus de huit jours dans ce méchant village, où la cuisine ne m'engageoit pas beaucoup à séjourner.

Je suivis leur conseil, mais je ne tardai gueres à m'en repentir. Nous fimes sept lieues en montant toûjours par des sentiers incommodes & si étroits, que nos mules avoient souvent bien de la peine à assurer leurs piés. Nous voyions les nuages au-dessous de nous, & neanmoins malgré cette élevation, nous sentions une chaleur extraordinaire.

Nous arrivâmes à quatre heures après midi à ce pont, dont mes guides m'avoient parlé: Mais ô ciel quel pont! sa vûe me fit fremir, & j'en fremis encore quand j'y pense. Imaginez-vous, Monsieur, de voir deux pointes de montagnes, separées par un precipice, ou plûtot

tôt par un gouffre profond, dans lequel deux torrents se précipitent avec un bruit & un fracas epouvantable. Sur ces deux pointes, on a planté de gros pieux, ausquels on a attaché des cordes faites d'écorce d'arbre, qui passant & repassant plusieurs fois d'une pointe à l'autre, forment une espece de rets, qu'on a couvert ensuite de planches & de sable. Tout cela ensemble forme le pont qui donne la communication d'une montagne à l'autre. Je ne pouvois me resoudre à passer sur cette machine tremblante, qui avoit plûtôt la forme d'une scarpolette que d'un pont. Les mules passerent les premiers avec leurs charges ; je ne veux pas dire qu'elles connurent le danger, mais j'assurerai bien qu'elles témoignerent de la peur, & j'en juge par la résistance qu'elles firent, & par les coups de pieds qu'elles ruerent aux Muletiers. Pour moi je passai comme elles, c'est-à-dire en me servant de mes mains comme de mes piés, & sans oser regarder ni à droite ni à gauche.

J'entrai enfin dans la Province de Pachacamac, & je passai au pied d'une autre montagne, dont l'aspect fait fremir. Le chemin est sur le bord de la mer, & est si étroit qu'à peine deux mules peuvent veut y passer de front. Le sommet de la montagne est comme suspendu, & perpendiculaire sur ceux qui marchent au-dessous, & il semble qu'elle soit prête à s'écrouler; il s'en détache de tems en tems des rochers entiers, qui tombent dans la mer, & qui rendent ce chemin penible & dangereux. Les Espagnols appellent ce passage, *el mal passo d' Ascia*, à cause d'un mauvais *Tambo*, ou Hotellerie, de ce nom qu'on trouve à une lieue de là.

Je vous ferois pitié, Monsieur, si je vous racontois tout ce que je souffris dans ce voyage. La chaleur m'accabloit pendant le jour, & j'étois devoré pendant la nuit par les cousins, & par cent autres insectes encore plus sales & plus incommodes. Je traversai des montatagnes de sable si arides & si brûlantes, que je n'osois mettre pied à terre de peur de ressentir une chaleur trop insuportable. Je ne vis pas un seul arbre dans l'espace de plus de quarante lieues, si ce n'est au bord de ces torrents, où la fraîcheur de l'eau entretient un peu de verdure. Ces deserts inspirent une secrete horreur : on n'y entend le chant d'aucuns oiseaux, & dans toutes ces montagnes

gnes je n'en vis qu'un nommé *Condur*, qui est de la grosseur d'un mouton, & qui se perche sur les montagnes les plus arides, & se nourrit des vers qui naissent dans ces sables.

La Province de Pachacamac est une des plus considerables du Perou; elle porte le nom du Dieu principal des Indiens, qui adoroient le Soleil sous ce nom, comme l'auteur & le principe de toutes choses. Sa ville capitale étoit autrefois puissante, & contenoit dans son enceinte plus d'un million d'ames. Elle fut le theâtre de la guerre & de la cruauté des Espagnols, qui l'arroserent du sang de tous ses habitans. Je passai au milieu des débris de cette grande ville; ses rues sont belles & spacieuses, mais je n'y vis que des ruines & des os entassez: tristes vestiges de la fureur des Espagnols! Il regne parmi ces masures un silence qui inspire de l'effroi, & rien ne s'y presente à la vûe qui ne soit affreux. L'avidité a poussé les Espagnols à arracher les corps de leurs tombeaux, pour y chercher les tresors que les Indiens y avoient mis en mourant.

Dans une grande place, qui me parut avoir été le lieu le plus frequenté

de

de cette ville, je vis plusieurs corps, que la qualité de l'air & de la terre avoit conservez sans corruption. Ces cadavres étoient épars çà & là sur la terre: On distinguoit aisément tous les traits de leurs visages, ils ont seulement la peau plus tendue & plus blanche que les Indiens n'ont coûtume de l'avoir.

Il y a un torrent qui coule autour de cette ville entre des Oliviers & des Saules, mais le passage n'en est pas si difficile, ni le cours si rapide que celui des autres torrents. A une lieue plus avant, on trouve un bourg nommé Lurin, qui est assez peuplé, & dont le voisinage de Lima rend le séjour un peu suportable. Dans tous ces bourgs ou villages d'Indiens, il y a des Eglises desservies par des Prêtres seculiers, dont l'ignorance & la pauvreté font compassion.

Enfin j'arrivai à Lima après 9. jours de marche, pendant lesquels je souffris toutes les incommoditez & les fatigues possibles. Mon visage étoit si hâlé qu'on pouvoit aisément se méprendre entre mes Guides Indiens & moi. Les morsures des cousins me rendoient méconnoissable. J'appris en arrivant que le commerce étoit aussi desavantageux dans la capitale,

que

que dans les autres ports du Perou. J'y trouvai plusieurs vaisseaux qui étoient prêts à retourner en France, & qui n'y portoient d'autre profit, que celui d'avoir converti à cinquante pour cent de perte, les manufactures de France en barres d'argent. J'imitai les autres; je pris patience. Je suis à Lima depuis deux mois assez embarrassé de ma personne, & j'ai fait, comme Mr de la Fontaine, deux parts de ma vie, l'une à dormir, & l'autre à ne rien faire. Je serois déja parti de cette ville pour retourner à Pisco, & y attendre le vaisseau dans lequel je dois aller à la Chine, mais un vaisseau Espagnol arrivé depuis peu du Chily, m'a apporté la nouvelle que mon ancien Capitaine étoit malade à la Conception du Chily, d'une maladie qui laissoit peu d'esperance pour sa vie; de sorte que j'attens la confirmation de cette nouvelle pour retourner au Chily, où ma presence seroit necessaire, en cas qu'il arrivât quelqu'accident à ce Capitaine. Ainsi je suis encore incertain si je ferai le voyage de la Chine.

Voilà, Monsieur, quelle est ma situation presente. Je vous envoye cette Lettre par Mr Deschenays Gardin Capitaine

pitaine du Vaisseau le S. Clement, qui retourne en France. Je jouïs d'une santé parfaite malgré l'ardeur de ce climat, ce qui ne contribue pas peu à me consoler. Je suis, &c.

LETTRE QUATRIÈME.

A Guacho côte du Perou le 29. Fevrier 1716.

J'Ai la consolation de pouvoir vous écrire encore une fois, Monsieur, avant que de partir pour la Chine : je vais m'exposer de nouveau au caprice des vents, & aux perils d'une navigation que peu de personnes ont entreprise, & qui est la plus longue que l'on puisse faire sur l'Ocean. J'examine quelquefois la Mappemonde, pour connoître si ce nouveau voyage m'approche ou m'éloigne de vous ; mais je trouve toûjours entre nous tant de pays, & tant de mers, que le plus ou le moins de distance n'est pas capable de me consoler. Ce n'est qu'en vous écrivant que je flatte mes ennuis : il me semble qu'alors je m'entretiens avec vous,

que

que je vous vois, que vous êtes attentif aux choses que je vous raconte ; que vous dirai-je enfin ? Mon imagination ingenieuse à me tromper agréablement, me fait goûter un plaisir chimerique, au défaut d'une satisfaction réelle. Je vous dois un reste de relation du Perou : je m'en acquitte ; heureux si un stile trop uni & trop simple ne vous ennuye pas !

Les Espagnols découvrirent la ville de Lima le jour de l'Epiphanie, & ils changerent son nom en celui de *Ciudad de los Reyes* (ville des Rois.) Elle porte cependant aujourd'hui le nom de Lima plus communément que l'autre. Cette ville est située au pied d'une montagne peu haute pour ce pays, mais qui le seroit beaucoup pour le nôtre : Une riviere, ou plûtôt un torrent large & peu profond baigne ses murs, & distribue ses eaux par plusieurs conduits dans toutes les rues de la ville, soit pour en chasser le mauvais air, soit pour d'autres necessitez. Ses dehors sont arides ; la terre y produit peu de verdure, & ce n'est même que depuis quelques années qu'on y seme un peu de bled, car quoiqu'il n'y pleuve jamais, il se leve neanmoins vers le matin un brouillard épais dont la terre est humectée.

Il y a au Septentrion entre la montagne & la ville une promenade publique, qui seroit charmante & peut-être unique dans son espece, si l'Art aidoit un peu à la Nature. C'est un cours planté de quatre rangs d'orangers fort gros, qui sont couverts en tout tems de fruits & de fleurs. On y respire une odeur agréable, & certes c'est bien dommage qu'on néglige ces arbres, dont le nombre diminue insensiblement tous les jours, & que les naturels du pays soient si peu sensibles & si peu jaloux de la conservation d'un si bel ornement.

En entrant dans la ville du côté du cours, on trouve un grand fauxbourg, dont les maisons sont assez bien bâties, & on traverse la riviere sur un pont de pierres. Le point de vûe est fort beau: On voit delà, d'un côté la mer dans l'éloignement, & la Riviere, qui après plusieurs détours, va s'y perdre; de l'autre côté la célèbre vallée de Lima, que les Poëtes de cette ville ont si souvent chantée, & qui merite en effet une partie des louanges qu'ils lui ont données. La porte de la ville, qui répond à ce pont, a quelqu'apparence de grandeur, & c'est le seul morceau d'architecture qui soit un peu regulier. Les

Les maisons n'ont communément qu'un étage : le toit en est plat & fait en terrasse : toutes les fenêtres qui regardent sur la rue sont garnies de jalousies, afin que les femmes ayent la liberté de voir, sans courir le risque d'être vûes. Je dirois que c'est un effet de leur modestie, si le reste de leur conduite répondoit à cette précaution. Les appartemens sont vastes & grands, mais sans aucun ornement ; six chaises, une estrade ou tapis, quelques carreaux composent tout l'ameublement de leur plus belle chambre. Dans les maisons principales, il y a une salle bâtie à l'épreuve du tremblement de Terre, dont les murailles sont soûtenues par plusieurs pilliers ou traverses enclavez irregulierement les uns dans les autres. Cette précaution peut bien à la verité en empêcher la chute, mais non pas la garantir des autres accidens.

La grande place de Lima est un quarré regulier. L'Eglise Cathedrale, & le Palais de l'Archevêque en forment une face ; le Palais du Viceroi en forme une autre. Les deux autres faces sont formées par plusieurs maisons uniformes, qui ne sont belles que parce que les autres ne le sont point. Au milieu de cette place il y a un grand jet d'eau orné de figures de bronze, qui font couler l'eau dans un bassin large & spacieux qui sert de fontaine publique.

Le Palais du Viceroi n'a rien de beau ni dans son architecture ni dans ses ameublemens. Il y a une sale de comedie, qui auroit été magnifique au tems d'Eschyle, où deux tretaux & quatre planches suffisoient pour dresser un theâtre. La Maison de ville n'a rien aussi de distingué; on y voit seulement l'histoire des Indiens, & de leurs Yncas, peinte par les Peintres de Cusco, qui passent pour les plus habiles du pays. Le goût de ces Peintres est tout-à-fait gothique, & pour l'intelligence du sujet qu'ils peignent, ils font sortir de la bouche de leurs figures des rouleaux sur lesquels ils écrivent ce qu'ils prétendent leur faire dire. Tels sont les tableaux de nos Eglises de village en quelques endroits de France.

L'interieur des Eglises de Lima est en general riche & magnifique; par magnifique, j'entens qu'il y a beaucoup de dorure, & que les autels sont chargez de grandes figures d'argent, materielles, mais faites sans art. Le plus beau & le plus grand Monastere est celui des Peres Cor-

Cordeliers, qui occupe un terrain considerable. Il a sept cloîtres, & il n'en peut gueres moins avoir, attendu le nombre des Religieux qui composent cette Communauté. J'en comptai 600. au chœur le jour de la fête de S. François. On m'assura que les ornemens de l'Eglise montoient ce jour-là à plus de dix millions de piastres: On ne pouvoit rien voir en effet de plus magnifique: comme on accorde une indulgence pleniere à ceux qui contribuent à cette magnificence, & qu'on a une devotion à S. François, que l'on n'a point à quelqu'autre Saint que ce soit, chacun s'empresse d'y porter en prêt ce qu'il a de plus précieux, ce qui joint à la richesse particuliere du Convent monte à une somme considerable.

La Maison Professe des Jesuites est bâtie avec plus de regularité que les autres. L'Eglise est belle, mais comme ces Reverends Peres ont la direction de toutes les consciences, le trop grand nombre de Confessionaux en derange un peu la symetrie, & la fait paroître trop étroite. Les jours y sont mal ménagez, mais en recompense l'or y éclate par tout. On y voit plusieurs tableaux, où sont dépeintes les actions principales de Notre-Seigneur; la varieté, le brillant des couleurs, & le nom d'étrangers, (car ils sont venus d'Europe) les fait estimer beaucoup au-delà de leur merite ; ce ne sont que de méchantes copies d'originaux très - communs, & si je ne me trompe, les Espagnols ont tiré tous ces tableaux d'Italie, lorsqu'ils étoient maîtres du Milanois ; car on y connoît visiblement le goût & le pinceau de l'Ecole Lombarde, dont les tableaux originaux sont riches en couleurs, & en ont été encore chargez davantage par les copistes.

Les Peres Jesuites outre la maison professe, en ont trois autres, la Retraite, le Noviciat, & le College dit de S. Martin. Il y a plusieurs autres Convents de l'Ordre de S. Dominique, de Nôtre-Dame la Mercy, de S. Augustin, de S. Jean de Dieu, & plusieurs Chapitres, Chapelles & Paroisses.

Il y a dans cette ville quinze Monasteres de filles, dont le libertinage est si grand, qu'il semble qu'elles se soient mises en religion plûtôt pour pratiquer le monde, que pour le fuir. Leurs parloirs sont pleins en tout tems de Prêtres
&

& de Religieux, qui y paſſent les journées entieres, & Dieu ſait ce qu'ils y font, & ce qu'ils y diſent. Je rougirois, & je me ferois un ſcrupule de vous faire le détail de ce que j'ai vû & entendu à ce ſujet.

Le beau ſexe eſt dans ce pays d'une licence effrenée, & fait gloire du libertinage. Je pourrois dire ſans hyperbole en parlant des femmes du Perou, ce qu'un Poëte fameux dit de celles de France en exagerant un peu.

Il en eſt juſqu'à trois que je pourrois compter, encore ne ſai-je ſi je les trouverois, à moins que ce ne fût quelqu'une de ces femmes dont Juvenal diſoit autrefois, *Caſta quam nemo rogavit*. Toutes les converſations ne roulent ici que ſur des matieres que les plus libertins ne traitent qu'en rougiſſant. Un jeune homme n'y eſt point du bel air, ſi toutes ſes paroles ne ſont, je ne dis pas équivoques, mais parlantes. Un amour groſſier & peu délicat y uſurpe le titre de belle paſſion, & la débauche & l'intereſt ſont les Divinitez que les femmes y adorent.

On compte à Lima plus de 600. maiſons où il ne manque qu'un écriteau pour avertir les paſſants. Tout ſe tolere, &
le

le qu'en dira-t-on, qui est un frein que l'usage ou les loix ont mis aux passions dans le reste du monde, y est ou inconnu, ou méprisé. Une femme qui a la reputation d'être femme de bien, c'est-à-dire dont la galanterie est moins publique, ne rougit point d'entretenir un commerce familier avec des femmes plus connues par le nom de leurs amans que par le leur propre. J'attribue moins ce desordre à l'ardeur du climat, qu'au mauvais exemple que les Ecclesiastiques leur donnent. Ils leur enseignent une morale fort pratique, çar il est rare que les femmes s'en tiennent à la speculation. Je pourrois m'étendre sur cet article, mais contentez vous du recit d'une petite avanture, dont plusieurs de mes amis & moi nous avons été les témoins.

Un Superieur d'un Monastere entretenoit depuis sept ans un commerce public avec une fort jolie femme, dont il avoit eu trois enfans. Cette femme ennuyée d'un commerce si long, & lassée d'une constance qui n'étoit soûtenue de rien, car que peut attendre une femme d'un homme de soixante-dix ans (c'étoit l'âge du bon homme.) Cette femme, dis-je, fit choix d'un neveu du Viceroi, & lia

avec

avec lui un commerce fort tendre. Ces deux amans croyoient que leur intrigue étoit bien secrette : Mais qui pourroit tromper un amant vieux & jaloux ? Le bon Pere s'apperçut bien-tôt du refroidissement de sa maîtresse, & sans s'amuser à lui reprocher son infidelité, il alla trouver son rival au milieu d'une nombreuse assemblée, & s'adressant à lui, il lui dit d'un ton sincere & naïf: qu'il avoit appris de bonne part qu'il lui avoit débauché une jeune femme qu'il entretenoit depuis sept ans : Qu'il le supplioit très-humblement de se desister de son entreprise : Qu'il lui seroit desagréable après tant de services de se voir enlever une femme qu'il aimoit passionnément, & qui lui avoit déja donné trois gages de son amour: Que le peu d'argent qu'il avoit pû avoir jusques-là avoit à peine suffi à la dépense & à la nourriture de cette femme, & qu'enfin il le conjuroit de le laisser paisible possesseur d'un bien qu'il avoit acheté assez cher.

Vous croirez peut-être, Monsieur, que la compagnie fut fort surprise d'une pareille harangue, nullement, j'étois moi-même si accoûtumé à ces extravagances, que je ne fis que rire de celle-ci.

Je me souviens à cette occasion d'un bon mot du fameux Cardinal Carpeigne Vicaire de Rome. On vint lui rapporter qu'un Jardinier d'un Convent de Filles en avoit engroffé fept; le cas étoit grave, comme vous voyez, mais il étoit fi accoûtumé à des cas femblables, qu'il fe contenta de dire en riant en parlant du Jardinier, *era dunque ben stracco*, il étoit donc bien las. Il n'y a que les commencemens qui étonnent. On a tous les jours à Lima devant les yeux des fcenes pareilles; en un mot, il n'y a point de pays au monde où un homme vicieux puiffe mieux fe confommer dans le vice, & où un homme fage coure plus de rifque d'oublier fa vertu.

L'Eglife Cathedrale eft un édifice fort vafte, dont les tremblemens de terre ont ruiné tous les ornemens exterieurs. Son Chapitre eft compofé de Chanoines de nomination Royale. L'Archevêque eft un faint homme, qui par le bon exemple qu'il donne, tâche de fanctifier les ames commifes à fes foins, mais rarement on a vû un bon exemple prévaloir à cent autres qui font mauvais.

La Maifon de la Sainte Inquifition eft au milieu de la ville. Ce Tribunal n'eft

pas

pas si rigide à Lima que dans les autres villes des Indes qui sont sous la domination du Roi de Portugal : Je ne conseillerois cependant jamais aux François de parler trop librement d'une institution qui est appellée sainte par excellence, ni de s'engager dans des disputes de religion avec les Ecclesiastiques du Perou, qui s'imaginent que l'ignorance est nôtre partage, & que la science est le leur. Je puis vous parler par experience de leur entêtement, ayant couru risque deux fois d'arborer le Sanbenito *, & d'être mis au Saint Office, pour avoir prononcé deux héresies dignes du feu dans ce pays. Voici la premiere.

On expose tous les jours le S. Sacrement dans les Eglises ; je dis à cette occasion á un Espagnol de mes amis, qu'il n'étoit pas prudent d'exposer si souvent aux yeux du peuple un mystere si saint & si auguste, & que nos Evêques de France avoient là dessus beaucoup de ménagement, parce que le peuple se familiarise trop aisément avec les choses les plus sacrées. Jesus, Jesus, s'écria mon Espagnol tout effrayé, qu'osez-vous dire ? & regardant ensuite autour de lui, vous êtes

* Espece de scapulaire qu'on met sur le corps de ceux qui sont conduits à l'acte de foi, ou au supplice.

êtes heureux, me dit-il, de n'avoir été entendu de personne : je suis trop votre ami pour vous aller accuser, mais gardez-vous une autre fois de prononcer de pareilles étourderies. Voici la seconde.

Je fus invité à une dispute de Philosophie morale chez les PP. Cordeliers ; on me presenta une these, dans laquelle je ne vis qu'une seule proposition. „ Saint „ François notre saint Pere avant que „ d'avoir reçu les cinq playes ou stigma- „ tes, ne pouvoit pecher mortellement, „ & après les avoir reçuës, il ne pouvoit „ pas même pecher veniellement. *Divus Franciscus Pater noster ante suscepta vulnera non potuit peccare mortaliter, & post illorum susceptionem, nec venialiter quidem.*

Je dis à un Prêtre de la suite du Viceroi, qui me demandoit mon sentiment, que cette proposition me paroissoit d'autant plus insoûtenable & difficile à prouver, que l'Eglise n'avoit rien déterminé sur la question de la conception immaculée de la très-sainte Vierge, article auquel elle ne soûmettoit point absolument nôtre foi, & qu'elle ne nous proposoit que comme un sentiment pieux, & vraisemblable : qu'à plus forte raison, il me sem-

sembloit qu'on ne devoit point decider si affirmativement dans une these, que S. François (qui dans le fonds avoit été homme comme un autre) avoit les mêmes prerogatives que la mere de Dieu.

Le croirez-vous, Monsieur, ce discours mit ce Prêtre dans une colere que je ne saurois vous exprimer : j'aurois voulu que vous eussiez été témoin de ses exclamations : vous en auriez ri sans doute, & j'en aurois ri aussi, si ce qu'il me dit ensuite ne m'en avoit ôté l'envie. Après m'avoir traité d'étourdi, d'heretique, & donné tous les noms odieux que son zele & sa devotion pour S. François lui inspira; il ajoûta que pour le repos de sa conscience il se croyoit obligé à m'aller dénoncer au Principal Inquisiteur, qui étoit là present. Jugez de ma frayeur : le seul nom d'Inquisiteur & d'Inquisition me fit envisager un abîme de maux : je me regardois comme une victime qu'on sacrifieroit volontiers à l'honneur de S. François, & il me sembloit déja entendre tout le peuple s'écrier unanimement, *crucifige, crucifige*. Mon imprudence ne peut s'excuser, & l'experience devoit m'avoir instruit de l'abus que ces gens-là font de certaines mar-

E 6 ques

ques exterieures de religion, qui ne sont pas le fondement absolu de notre Foi. Que l'on renie Dieu: que l'on blasphême; que les adulteres, & les sacrileges publics restent impunis, ce ne sont que des vetilles dans ce pays; mais attaquer S. François le Thaumaturge du Perou, dire que malgré la sainteté de ses mœurs, & le rang que ses vertus lui ont donné dans le Ciel, il a pû pecher comme le reste des enfans d'Adam, lorsqu'il étoit sur la terre, c'est un crime digne du feu. Cependant pour éviter ce feu redoutable, je repondis à ce Prêtre indiscret, qu'il avoit tort de me menacer, & de me traiter d'heretique; que j'étois dans le cœur aussi bon Catholique que lui, mais que je n'étois pas sans doute si savant. Que les gens comme moi ne faisoient jamais que des heresies materielles; mais que puisque la question dont il s'agissoit devoit être attaquée, je m'étois crû en droit de former quelque petite difficulté, pour mieux savoir son sentiment; qu'on disputoit tous les jours sur des matieres plus serieuses, quoi que dans le fond on fût d'accord avec ceux contre qui l'on disputoit. Je suis ravi, me dit mon Espagnol, en me passant un bras au col, & en me serrant.

rant tendrement jusqu'à m'ôter la respiration, je suis ravi que vous l'entendiez de cette maniere, & que vous ne doutiez point d'un article qui est de foi parmi nous : N'est-il pas vrai, ajoûta-t-il, que vous n'en doutez point? Oh vraiment non, lui répondis-je, je n'ai garde, & vous avez levé tous mes scrupules.

C'est ainsi que je conjurai la tempête. Je renonçai dès lors pour jamais à la démangeaison de disputer contre des gens qui pour toute conclusion menacent d'un Tribunal, dont l'institution est sans doute sainte & louable, mais que l'ignorance de quelques Ministres rend odieuse & redoutable dans ces Colonies chrétiennes. Voilà, Monsieur, une digression un peu longue, & l'ardeur de parler de mon moi m'a mené trop loin.

Le Viceroi fait son séjour à Lima, où se tient le Parlement ou Audience Royale. C'est l'oracle qui decide souverainement & en dernier ressort toutes les affaires du Perou. Ce n'est pas qu'il n'y ait d'autres Tribunaux, & d'autres Cours souveraines dans ce Royaume; il y en a deux aux deux extrêmitez, l'une à Plata, l'autre à Quito, celle de Lima est dans le centre.

Le Roy d'Espagne nomme au Gouvernement des Villes, & le Viceroi ne les peut donner que par commission. Plusieurs particuliers envoyent de l'argent en Espagne pour acheter ces emplois, ou bien ils vont les solliciter eux-mêmes à la Cour. Ainsi on fait un trafic de ces Gouvernemens. Je vous ai déja fait remarquer les conséquences que cette venalité traînoit après soi. Au reste, ces emplois, bien que recherchez par tant de prétendans ne sont considerables qu'autant que les François ont la liberté de commercer dans ce païs.

On tire des mines de ce Royaume des sommes prodigieuses d'argent ; cependant le quint du Roi qui devroit augmenter, diminue chaque année, parce que les Gouverneurs au lieu de s'attacher à faire valoir les droits du Roi, mettent toute leur étude à les frauder. Les François ont rapporté du Perou plusieurs millions d'argent non quinté, qu'on appelle *Pigne*. Je ne puis concevoir pourquoi la Cour d'Espagne ne fait pas un meilleur choix de ses Ministres, & d'où vient que d'une Colonie si riche, elle retire si peu d'avantage. Les Officiers s'approprient tout jusqu'à la la solde des Soldats, & à l'argent destiné à la reparation des Villes, & à l'entretien des Gallions qui pourrissent dans le port de Callao.

Le Callao est une petite ville à deux lieues de Lima sur le bord de la mer. Son port est beau, & les fortifications, quoique peu regulieres, sont munies de belles pieces de canon : il n'y manque que de bons soldats.

Le Viceroi regnant est Evêque de Quito : il succeda, selon les loix du Royaume au Marquis de Castel de los Rios, qui étoit Ambassadeur en France l'an 1700. & qui mourut il y a trois ans. Comme la Cour d'Espagne ne peut nommer un Viceroi dès que la place est vacante, à cause de la distance des lieux, l'Evêque de Quito est Viceroi né jusqu'à l'arrivée de celui qui a été nommé par le Roi. Les Habitans du Perou n'aiment pas le Gouvernement Ecclesiastique, parce que toutes les affaires passent par les mains des Prêtres, qu'ils taxent d'une avarice sordide.

Il y a une Université à Lima, dont les ignorans font un cas particulier. Je ne crois pas qu'en aucun endroit du monde la reception d'un Docteur se fasse avec
plus

plus de faste & d'ostentation. Cette Université est divisée en deux factions, celle des Religieux, & celle des Prêtres seculiers; & quoique ces deux corps n'en fassent qu'un, ils sont neanmoins toûjours opposez.

Lorsqu'une Chaire est vacante, on choisit de ces deux Corps les deux sujets qui sont estimez les plus habiles, pour la disputer. Ce ne sont alors que brigues & cabales: chacun sollicite les Puissances d'appuyer son parti, & les uns & les autres se fondent plus sur les suffrages qu'ils mandient, que sur la capacité des Docteurs qu'ils proposent.

Il y a deux mois que je vis la reception de l'un de ces Candidats. Les deux partis s'étant assemblez dans le palais de l'Archevêque, la dispute commença sur le ceremonial, qui n'a jamais pû être reglé. Les Prêtres seculiers argumenterent contre le Religieux, & les Religieux contre le Prêtre seculier. Cependant l'un & l'autre parti s'attribuant par avance la victoire, avoit preparé tout ce qui pouvoit servir à orner un triomphe. On voyoit deux especes de camps dans la place principale de Lima, où flottoient au gré du vent plusieurs drapeaux garnis

nis de dentelles & de rubans. Les chars de triomphe & les feux d'artifice, étoient preparez : tout retentiſſoit des cris d'allegreſſe & des aplaudiſſemens du peuple. Tantôt l'Ordre Religieux triomphoit, tantôt il étoit vaincu. Cependant tout ce tumulte & ces cris ne permettoient pas qu'on pût rien entendre dans la ſalle où ſe tenoit l'aſſemblée : il étoit au reſte inutile de juger du ſavoir de ces deux concurrents; le vainqueur étant deſigné *in petto*, avant même qu'il eût combattu.

Enfin on annonça le nouveau Docteur *cathedratico* par le ſon des trompettes, & par les acclamations de ceux de ſon parti. La faction des Religieux n'ayant pas eu le ſuccès qu'elle s'étoit promis, ſe retira (non ſans murmurer contre l'injuſtice & la partialité des Juges) tandis que le Docteur ſuivi de tout le Clergé, fut conduit en triomphe au Palais du Viceroi, après avoir fait trois fois le tour de la place. Que vous dirai-je enfin, on fit tant de folies pendant un mois, que je conclus qu'un Docteur doit être quelque choſe de bien rare parmi eux.

On trouve en effet peu d'habiles gens dans ce Royaume, & ceux qui en ont

la

la reputation ne l'achetent pas fort cher: ce n'est pas que le pays ne produise de très-heureux genies, mais la mauvaise éducation, la débauche, la maniere même d'étudier rendent inutiles tous les talens que la nature leur donne.

Les Arts n'y fleurissent pas plus que les Sciences, & les naturels du Perou aimeroient mieux mandier que de s'assujettir au travail des mains. Les Indiens & les Noirs esclaves leur fournissent toutes les choses necessaires à la vie, & c'est ce qui rend cette canaille si insolente.

La Ville de Lima est pleine d'esclaves traîtres, voleurs & assassins. Les Magistrats pour diminuer le poids de leurs fers, & adoucir un peu leur esclavage, les divisent en tribus, dont chacune a son Roi, que la ville entretient, & à qui elle donne la liberté, si avant son élection il est esclave. Ce fantôme de Roi rend la Justice à ceux de sa tribu, & ordonne des punitions selon la qualité des crimes, sans pourtant pouvoir condamner les criminels à la mort.

Lorsqu'un de ces Rois meurt, la ville lui fait des obseques magnifiques. On l'enterre la couronne en tête, & les premiers Magistrats de la ville sont invitez

au

au convoi. Les esclaves de sa tribu s'assemblent, les hommes dans une salle, où ils dansent & s'enyvrent, les femmes dans une autre, où elles pleurent le deffunt, & font des danses lugubres autour de son corps. Elles chantent tour à tour des vers à sa louange, & accompagnent leurs voix avec des instrumens aussi barbares que leur musique & leur poësie. Quoique tous ces esclaves soient chrétiens, ils ne laissent pas de conserver toûjours quelques superstitions de leur pays, & on n'ose leur interdire certains usages de peur que leurs esprits ne s'aigrissent.

Cette bisarre ceremonie dure toute la nuit, & ne finit que par l'élection d'un nouveau Roi. Si le sort tombe sur un esclave, la ville rend à son maître le prix de l'argent qu'il a déboursé, & donne à ce Roi une femme, s'il n'est pas marié, de sorte que lui & ses enfans sont libres & peuvent acquerir le droit de bourgeoisie. C'est par cette politique, & par cette ombre de liberté que les Magistrats retiennent les esclaves dans le devoir. Ils ont au reste toute la confiance de leurs maîtres, les femmes sur tout s'en rendent les esclaves, en leur confiant le secret & la conduite de leurs intrigues amoureuses.

On ne peut rien ajoûter à l'antipathie que les naturels du Perou ont pour notre Nation. Ils nous faisoient passer autrefois pour des animaux d'une nature rare, & d'une espece extravagante. Mais cette fiction ne produisit pas l'effet qu'ils en avoient esperé, car les femmes curieuses d'aprofondir ce mystere, voulurent s'assurer de la verité par leur experience, & perdirent bien-tôt l'opinion, que la haine ou la jalousie de leurs maris leur avoit voulu inspirer.

Il est certain, Monsieur, que les femmes ne sont point complices de ces haines extravagantes. Il seroit seulement à souhaiter qu'elles fussent aussi sages & aussi vertueuses qu'elles sont vives & belles. Elles ont l'esprit engageant, & dans les conversations galantes, elles l'emportent sans contredit sur toutes les femmes de l'Europe. Mais c'est là aussi tout leur talent.

Je partis de Lima le 25. de Janvier 1716. pour retourner à Pisco, où le vaisseau dans lequel je dois aller à la Chine étoit attendu. Je passai derechef par les deux Provinces de *Pachacamac* & de *Chincha*, avec les mêmes fatigues que j'avois déja essuyées dans mon premier voyage,

voyage, & avec plus de peril à cause des torrents qui inondoient le pays.

J'arrivai à Pisco le 3. de Fevrier, pour être témoin d'un tremblement de terre accompagné des circonstances les plus capables d'inspirer de l'effroi. Il commença le 10. à 8. heures du soir. Je vis presque dans un instant toutes les maisons renversées. Je voulus prendre la fuite, mais la peur qui, dit-on, donne des aîles, sembloit m'avoir lié les pieds. Je n'arrivai qu'avec peine sur la place de la ville, où tout le monde s'étoit retiré. Un quart d'heure après la terre trembla de nouveau, & s'étant ouverte en quelques endroits, il s'éleva un tourbillon de poussiere & d'eau avec un bruit affreux. C'est assurément dans ces sortes d'occasions que les personnes les moins devotes prient Dieu de tout leur cœur. Il ne peut gueres arriver dans la nature d'accident plus triste. On ne sait où se sauver, & souvent l'azile qui paroît le plus sûr devient un tombeau.

La plûpart des habitans se retirerent sur les montagnes voisines. Cette nuit fut une nuit d'horreur & d'épouvante. La terre s'agitoit à tous momens. Nous n'étions que trois ou quatre François, qui n'osions n'ofions abandonner le débris de nos maifons, & encore moins les habiter. La confternation étoit generale dans cette malheureufe ville, non-feulement à caufe des fecouffes continuelles de la Terre, mais encore par la crainte, que la mer ne la vînt fubmerger une feconde fois, ce qui étoit déja arrivé 28. ans auparavant.

Les habitans ne pouvant furmonter leur frayeur, n'oferent aller fur les bords de la mer voir fi fon rivage étoit tranquille. Ce fut là notre occupation pendant toute la nuit, & le jour ne parut que pour augmenter nos allarmes. Vers les 9. heures du matin la Terre trembla avec plus de violence encore que le jour precedent, & le bruit courut auffi-tôt que la mer venoit de fe retirer. Cette nouvelle n'avoit aucun fondement, mais la crainte & l'exemple du paffé, la fit croire veritable. On ne penfa plus qu'à fe fauver. La confufion & les cris augmentoient la terreur. Chacun plus foigneux de fa confervation que de celle d'autrui, ne fongeoit qu'à la fuite. On voyoit des enfans qui reclamoient l'affiftance de leurs peres, des femmes qui fe plaignoient de l'abandon de leurs maris:

la

la frayeur faifoit taire la nature & l'amour.

Je me préparois à fuir comme les autres, & j'étois déja à cheval, ayant en croupe un jeune homme de mes parens, quand par un trouble d'efprit, plûtôt que par un refte de courage, je me refolus à aller avec deux autres François fur les bords de la mer, pour me convaincre par mes yeux de la verité. J'ai fouvent fait depuis cette reflexion, que lorfque la frayeur arrive à un certain point, elle produit les mêmes effets que la temerité.

Nous vîmes la mer dans fa tranquilité ordinaire, & le même rivage que nous avions coûtume de voir. Le defir que nous eûmes d'aporter promtement cette bonne nouvelle à Pifco, & de retirer les Habitans de leur inquietude, nous fit poufler nos chevaux, faifant figne de loin avec nos chapeaux qu'il n'y avoit aucun danger; mais ceux qui y étoient reftez, & qui attendoient notre retour, pour fe déterminer, s'étant imaginez que la maniere precipitée dont nous courions, & que nos fignes mêmes étoient un avertiftement de s'enfuir, abandonnerent la ville, & gagnerent la montagne. Nous n'y n'y trouvâmes plus que des vieillards que le poids des années, & leurs infirmitez empêchoient de recourir à la fuite. La ville fut presque deserte pendant trois ou quatre jours.

J'ai fait quelques remarques sur ces tremblemens de Terre. La premiere est qu'une demie heure avant que la Terre s'agite, tous les animaux paroissent saisis de frayeur. Les chevaux hannissent, rompent leurs licols, & fuyent de l'écurie; les chiens aboyent; les oiseaux épouvantez, & presqu'étourdis entrent dans les maisons: les rats & les souris sortent de leurs trous &c. D'où je conclus que les bêtes ont le sentiment plus fin & plus délicat que nous ne l'avons.

La seconde est que les vaisseaux qui sont à l'ancre sont agitez si violemment, qu'il semble que toutes les parties dont ils sont composez, vont se desunir. Les canons sautent sur leurs affuts, & les mâts par cette agitation rompent leurs haubans. C'est ce que j'aurois eu de la peine à croire, si plusieurs témoignages unanimes ne m'en avoient convaincu. Je conçois bien que le fond de la mer est une continuation de la terre; que si cette terre est agitée, elle communique son agitation

tation aux eaux qu'elle porte; mais ce que je ne conçois pas, c'est ce mouvement irregulier du vaisseau dont tous les membres, & les parties prises separement participent de cette agitation, comme si le vaisseau faisoit partie de la Terre, & qu'il ne nageât pas dans une matiere fluide. Son mouvement devroit être tout au plus semblable à celui qu'il éprouveroit dans une tempête. D'ailleurs dans l'occasion dont je parle, la surface de la mer étoit unie, & ses flots n'étoient point élevez; toute l'agitation étoit interieure, parce que le vent ne se mêla point au tremblement de terre. L'éclaircissement de cette question me meneroit trop loin, je vous la laisse à decider.

La troisiéme remarque est que si la caverne de la Terre où le feu soûterrain est renfermé, va du septentrion au midi, & si la ville est pareillement située dans sa longueur du septentrion au midi, toutes les maisons sont renversées; au lieu que si cette veine, ou caverne fait son effet en prenant la ville par sa largeur, le tremblement de terre fait moins de ravage. Ce qui me le persuade est, que ce dernier tremblement de Terre ne fut presque pas sensible à cinq lieues à l'occident de Pisco, & que depuis Pisco jusqu'à cent lieues par delà du midi au septentrion, toutes les villes & les villages furent renversez. Souffrez que je compare les effets de ce phenomene à l'effet d'un boulet de canon. Si le boulet passe d'un bord à un autre, c'est à-dire, s'il prend le vaisseau dans sa largeur, il ne peut faire du dommage que dans cet espace, la poupe & la prouë n'en sont point offensées; au lieu que s'il traverse le vaisseau dans sa longueur, c'est à-dire de la prouë à la poupe, le dommage qu'il cause est beaucoup plus considerable, parce qu'il traverse un plus grand espace. Un plus long discours degenereroit en dissertation, & il ne m'appartient pas d'en faire.

Le 17. de Fevrier le vaisseau que j'attendois arriva: il séjourna 4. jours à Pisco, & le 21. nous fimes voile pour nous rendre au Callao, où nous arrivâmes après six jours de navigation, quoiqu'on ait coûtume de faire ce petit voyage en 24. heures. Deux ou trois passagers du vaisseau qui n'avoient point vû la ville de Lima descendirent à terre, & je les accompagnai d'autant plus volontiers que j'y avois laissé une dette, dont je n'avois pû être payé dans mon premier voyage.

Notre

Notre vaisseau mit à la voile le lendemain, & fit route pour Guacho ville à 40. lieues de Lima, où le Capitaine avoit dessein de faire ses provisions pour notre voyage de la Chine.

Nous restâmes trois jours à Lima, & nous en partîmes le 2. de Mars, pour aller rejoindre le vaisseau. Je trouvai dans ce voyage les mêmes incommoditez, les mêmes dangers, mais moins de chaleur que dans les voyages que je fis de Lima à Pisco. Nous passâmes par la fameuse baye des salines, d'où par un tremblement de terre la mer s'est retirée depuis quelques années. Elle a six lieues de largeur & dix de longueur. On ne peut y passer durant le jour à cause de la reverberation des sels échauffez par l'ardeur du Soleil.

Notre guide étoit un soldat de la garde du Viceroi, homme peu pratique dans ces chemins, & qui nous fit marcher par des sentiers si impraticables, que nous fûmes contraints de faire beaucoup de chemin à pied. Nous arrivâmes à minuit à une ferme d'Indiens, entourée de montagnes escarpées & inaccessibles Nous frappâmes à la premiere cabanne que nous rencontrâmes, & nous priâmes

mes deux Indiens de nous conduire jusqu'à une ville nommée Chankaye, qui étoit sur la route d'où nous nous étions égarez. Les offres que nous leur fimes furent inutiles, & nos menaces ne produisirent pas plus d'effet. Notre guide après avoir menacé d'enfoncer la porte, les somma de la part du Viceroi de nous accompagner, disant que nous étions des Officiers dépêchez pour une affaire importante. A ce nom de Viceroi un vieux Indien sortit de la cabanne, & étant devenu plus traitable, il se disposa à nous guider, attribuant ses premiers refus à la crainte qu'il avoit de laisser seuls sa femme & ses enfans. Il nous conduisit à Chankaye, où nous arrivâmes à 4. heures du matin. Nous n'étions gueres en état de nous remettre en route, ayant fait ce jour-là 24. lieues, & ayant autant besoin de repos que nos mules, mais il nous fallut malgré nous reveiller notre paresse ; nous connoissions le genie du Capitaine de notre vaisseau (& ceci soit dit entre nous) ce n'est pas le plus gaacieux mortel qui soit au monde, nous apprehendâmes qu'il ne s'avisât de partir sans nous attendre. Cette reflexion nous tint alertes, & nous partimes

de

de Chankaye deux heures après y être arrivez.

Nous commençâmes cette seconde journée par le passage d'une Riviere, où ma mule s'étant couchée, j'eus bien de la peine à gagner le rivage. Nos bagages avoient pris le devant, de sorte qu'il me fallut passer tout le jour dans le triste équipage où je me trouvois. Nous rencontrâmes sur les bords de ce torrent un courier qui venoit de Panama, & qui portoit des ordres de la Cour d'Espagne, qui alloient donner une nouvelle forme au Gouvernement. Le Viceroi devoit être déposé pour avoir donné aux François la liberté du commerce, & l'Evêque de Chuquisac étoit nommé pour lui succeder, jusqu'à l'arrivée du Prince de Santobueno, qui étoit déja en chemin, & que la Cour d'Espagne avoit nommé depuis longtems à cette Viceroyauté, à la recommandation de la Princesse des Ursins. Ce courier nous apprit aussi la mort de notre Roi Louïs le Grand. Nous ressentîmes vivement cette perte, & nous crûmes qu'elle ne pouvoit être réparée pendant la minorité presente que par le Prince illustre que le droit de sa naissance appelloit à gouverner le Royaume.

Nous fimes ce jour-là 22. lieues, & nous arrivâmes à minuit à Guacho. Cette ville qui est située à 11. degrez 40. minutes de la latitude méridionale, a un petit port à l'abri des vents, d'Ouest & de Sud, mais fort exposé à la tramontane. Elle est mal bâtie, & n'est presque habitée que par des Indiens, gens debonnaires & de bonne foi dans le petit commerce qu'ils font de leurs denrées. Les vaisseaux qui partent du Perou, soit pour retourner en France, soit pour aller à la Chine, peuvent y faire d'excellentes provisions, plus commodément & à meilleur marché qu'en aucun autre endroit du Perou. L'eau que l'on y prend se conserve long-tems sur mer sans se corrompre.

A une petite lieue de Guacho il y a une autre ville nommée Guaüra, située dans l'endroit le plus riant & le plus champêtre du monde. Une Riviere coule au milieu: les maisons y sont commodes & bien bâties. Les femmes sont belles & affables, & les hommes n'ont ni orgueil ni jalousie, vices ordinaires à ceux de leur Nation. On peut appeller ce petit canton les délices du Perou, si on considere le climat, la fertilité du pays & le genie des habitans. Je

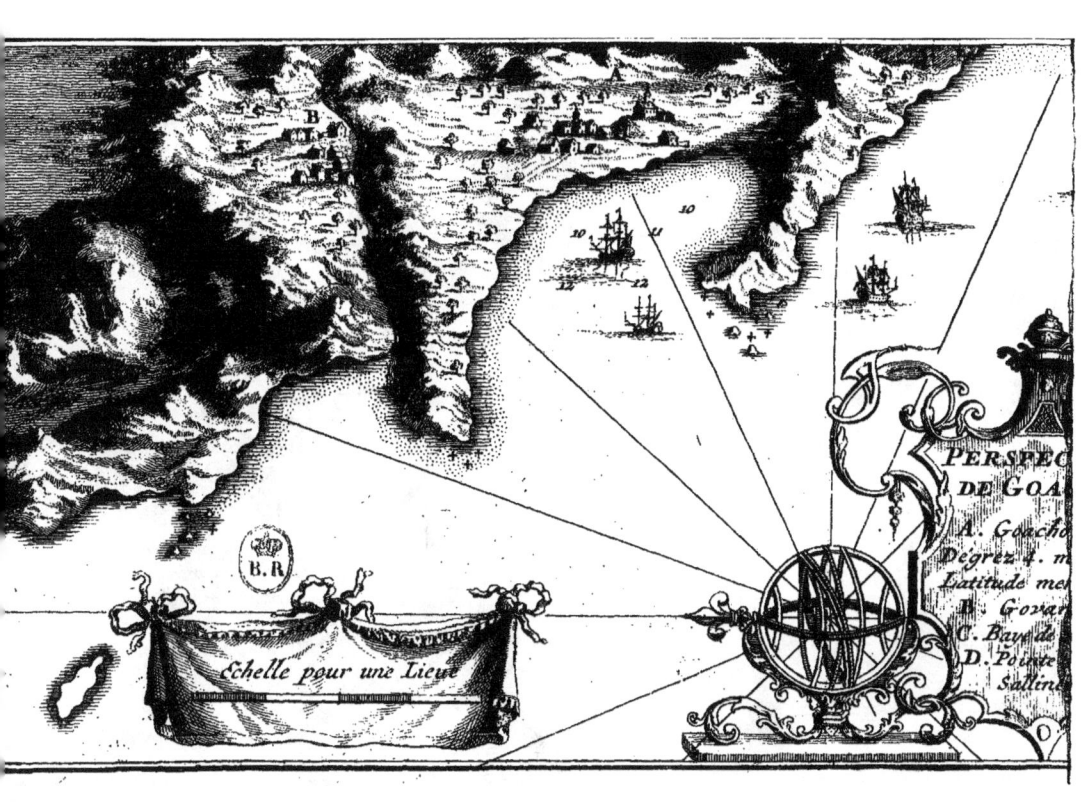

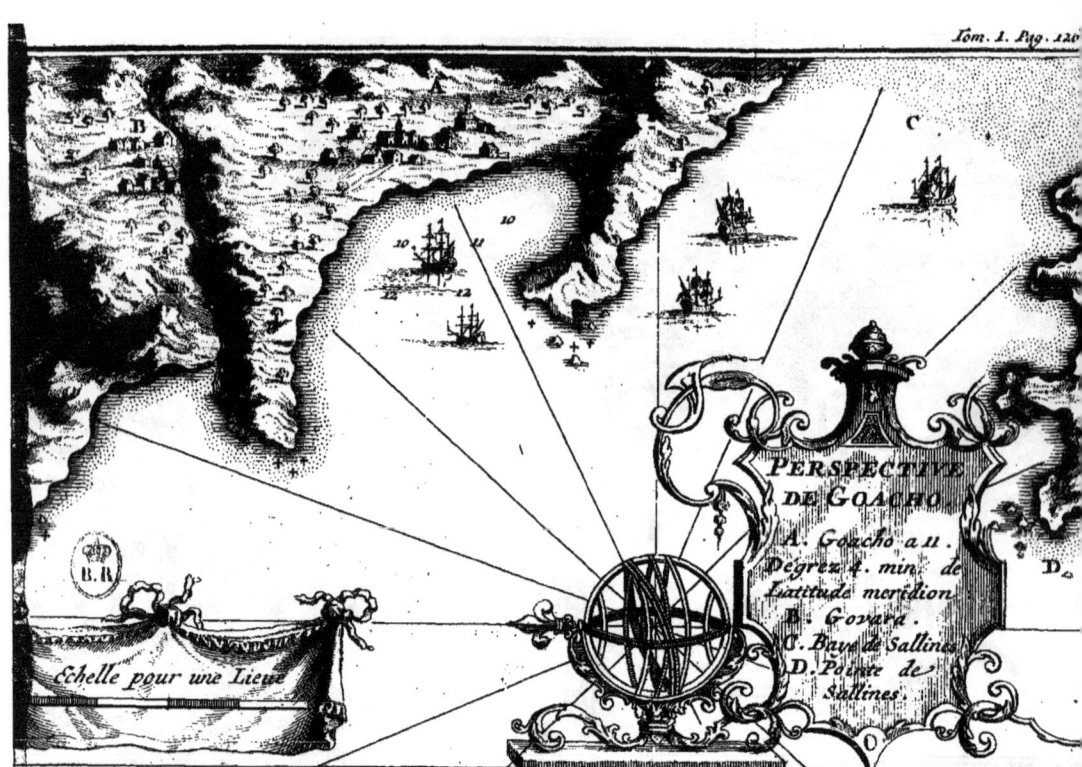

Je finis ma Lettre, Monsieur, nous sommes dans les embarras du départ, & nous n'attendons qu'un vent favorable pour mettre à la voile. Quelle longue navigation j'envisage! franchement il y a dequoi trembler. On m'assure que nous serons au moins trois mois sans voir de terre. Je rappelle tout mon courage, & je bannis les reflexions. Je tâcherai de vous faire part des remarques que je ferai à la Chine: j'entrerai dans un plus grand détail que je n'ai fait jusqu'ici, parce qu'il y a mille relations qui parlent du Perou, & qu'il y en a peu qui traitent de la Chine d'une maniere qui satisfasse. La montagne enfantera peut-être une souris, mais le desir que j'ai de vous obéïr me servira d'excuse. Je suis &c.

LETTRE CINQUIE'ME.

A Emoüy, Province de Fokien le 5. Juillet 1716.

ME voici enfin dépaïsé, Monsieur, & le tour du Monde que je m'étois proposé de faire est presque achevé.

Je ne me nourris plus que d'idées magnifiques, & je me compare déja aux plus celebres voyageurs anciens & modernes. Je me perdrois sans doute dans l'étendue de mon amour propre, si j'étois le phenix d'une si belle entreprise ; mais j'ai trop de compagnons, & je vous avoue que je partage à regret avec eux la reputation de Voyageur fameux, il me semble qu'ils m'en dérobent la meilleure partie.

C'est à present, Monsieur, que je vais vous faire des relations ; la Chine me paroît un pays propre à en fournir des sujets : cependant je tâcherai qu'elles soient plus veritables que brillantes ; car je trouve qu'il est beaucoup plus facile de dire simplement la verité que de la déguiser avec art. Je continuerai donc à vous écrire en voyageur sincere, & dépouillé de toutes sortes de préjugez, sans vouloir imaginer des faits qui sans doute seroient mal imaginez.

Nous partîmes de Guacho le 4. de Mars 1716. je quittai le séjour de Guaüra avec quelque regret, & je n'envisageai qu'avec beaucoup de crainte ce long espace de mer que j'avois à traverser ; mais sur les aîles du tems la tristesse s'envole,
je

je perdis le souvenir de la Terre en la perdant de vûe.

Le lendemain de notre départ nous dirigeâmes notre route vers l'Ouest nord-ouest; ensuite les sentimens de nos Pilotes furent partagez : les uns prétendoient que pour n'être pas si long tems exposez aux calmes, il étoit à propos de faire route au nord, & de passer la ligne équinoctiale le plûtôt qu'il seroit possible : Les autres au contraire soûtenoient que la route de l'Ouest nordouest étoit la plus courte, & devoit être par consequent préferée. L'une & l'autre opinion étoit bien fondée ; mais l'experience fit connoître que le premier parti auroit été le meilleur. Nous prîmes le dernier, & je remarquai que les calmes nous firent perdre bien du tems. Les courants sont très-rapides en ces mers : chacun decidoit de leur cours à sa fantaisie ; car il faut remarquer qu'ils sont d'une ressource merveilleuse pour les Pilotes, parce qu'ils leur attribuent toutes les erreurs de calcul qu'ils font dans la navigation. Le Soleil voyageoit avec nous, & nous l'avions au Zenith ; de sorte que nous ne pouvions observer la latitude.

Le 22. de Mars nous crûmes, selon

notre estime, être sous la ligne équinoctiale à 275. degrez de longitude : je n'ai jamais ressenti une chaleur plus accablante. La pluye & le tonnerre se joignirent à cette incommodité, & nous restâmes 12. jours dans une vicissitude de bon & de mauvais tems. Le vent nous manquoit absolument, & nous essuyâmes toute l'intemperie de la zone torride.

Le 5. d'Avril le vent commençant à soufler, nous tînmes la route de l'Ouest nordouest, comme nous avions fait jusqu'alors. Nous vîmes des oiseaux de toutes les especes, qu'on a coûtume de voir sur mer. Un Hibou (chose assez extraordinaire) vint se percher sur nos mâts. On le prit & on le mit en cage, où il resta 15. jours sans manger : au bout de ce tems on lui donna la liberté ; après avoir long-tems volé autour du vaisseau, nous le vîmes tomber dans la mer. Nos matelots, qui sans doute n'ont jamais lû l'histoire, ne laisserent pas de s'ériger en augures, & de regarder comme un presage sinistre la visite de cet oiseau nocturne ; d'où je conclus que la superstition est quelquefois moins l'effet des préjugez & de l'éducation, qu'un penchant qui naît avec l'homme.

Cet

Cet Hibou nous fit faire d'autres reflexions: car d'où venoit-il? cet animal n'a pas coûtume de se tant éloigner de la Terre; il falloit donc qu'il y eût quelques Isles autour de nous, d'où un coup de vent l'avoit chassé & entraîné en pleine mer? cependant l'opinion la plus commune est que les Isles qui sont marquées sur les Cartes sont beaucoup plus à l'*Est*, c'est-à-dire plus voisines du Continent de l'Amerique, que les Geographes ne les mettent. Il y a même quelques-unes de ces Isles qui n'existent point. Mais d'où venoit le Hibou? en verité je n'en sai rien: Je ne suis pas de l'opinion de ceux qui prétendent que les rats, & autres animaux semblables s'engendrent de la crasse d'un vaisseau.

Quant à la situation des Isles marquées sur les Cartes, elles sont beaucoup moins à l'Ouest, si l'on en juge par les journaux de tous les vaisseaux qui ont fait cette route, & qui ne les ont jamais vûes. Le seul Mr *du Bocage* du Havre de Grace commandant le vaisseau nommé *La Découverte*, allant du Perou à la Chine découvrit le Vendredi Saint à 280. degrez de longitude, & à 4. degrez de la latitude septentrionale, un grand rocher fort haut, entouré d'un banc de sable, auquel il donna le nom d'Isle *de la Passion*. C'est le seul morceau de terre qu'on ait encore apperçû dans cette mer au delà de la ligne, en suivant cette route. Quoiqu'il en soit, nous prîmes de sages précautions, pour ne pas aller rendre fameux par notre naufrage quelque écueil inconnu jusqu'alors.

Parmi les differentes especes d'oiseaux qui voloient autour de notre vaisseau, il y en avoit un plus gros qu'une Oye, & qui avoit sept pieds de longueur d'un bout de l'aîle à l'autre. Il a le bec crochu, & garni de deux rangs de petites dents fort aigues. La maniere dont nous le prenions étoit divertissante. On jettoit dans la mer un hameçon, couvert d'un morceau de linge taillé en forme de poisson : l'oiseau venoit fondre sur cette proye, & restoit pris à l'hameçon, qui s'attachoit tantôt à son gosier, tantôt à ses dents ; de maniere que quelqu'effort qu'il fit, il ne pouvoit s'en dégager. Voilà le plus grand divertissement que nous ayons eu pendant une navigation de trois mois : jugez de nos passe-tems par cet échantillon.

Les vents & nos girouettes furent le
tableau

tableau de l'inconstance jusqu'au 13. d'Avril, jour auquel ils se fixerent en notre faveur. Ils venoient depuis le Sud jusqu'à l'Est. Nous fimes 1338. lieues vers le Ouest-Nordouest depuis le 4. Mars, jour de notre départ jusqu'au 29. Avril. On nous annonça alors que notre provision d'eau étoit considerablement diminuée, & qu'il étoit de la prudence de reduire chaque ration à deux chopines par jour: Triste antienne pour un gosier aussi alteré que le mien. La chaleur & l'ardeur du Soleil nous faisoient changer de peau chaque semaine, & nous ressemblions à des lepreux.

Le 29. à 11. heures du matin, l'air étant chargé de nuages, nous vîmes autour de notre vaisseau, à un quart de lieue environ de distance, six trombes de mer qui se formerent avec un bruit sourd, semblable à celui que fait l'eau en coulant dans ces canaux soûterrains. Ce bruit s'accrut peu à peu, & ressembloit au sifflement que font les cordages d'un vaisseau, lorsqu'un vent impetueux s'y mêle. Nous remarquâmes d'abord l'eau qui bouillonnoit, & qui s'élevoit au-dessus de la surface de la mer d'environ un pied & demi. Il paroissoit au-dessus de ce bouillonnement un brouillard ou plûtôt une fumée épaisse d'une couleur pâle, & cette fumée formoit une espece de canal qui montoit à la nue.

Les canaux ou manches de ces trombes se plioient selon que le vent emportoit les nues, ausquelles ils étoient attachez ; & malgré l'impulsion du vent, non-seulement ils ne se détachoient pas, mais encore il sembloit qu'ils s'allongeassent pour les suivre, en s'étrecissant & se grossissant à mesure que le nuage s'élevoit ou se baissoit.

Ces phenomenes nous causerent beaucoup de frayeur, & nos Matelots au lieu de s'enhardir, fomentoient leur peur par les contes qu'ils débitoient. Si ces trombes, disoient-ils, viennent à tomber sur notre vaisseau, elles l'enleveront, & le laissant ensuite retomber, elles le submergeront. D'autres (& ceux-ci étoient les Officiers) répondoient d'un ton decisif, qu'elles n'enleveroient pas le vaisseau, mais que venant à le rencontrer sur leur route, cet obstacle romproit la communication qu'elles avoient avec l'eau de la mer, & qu'étant pleines d'eau, toute l'eau qu'elles renfermoient tomberoit perpendiculairement sur le tillac du
vais-

vaisseau, & le briseroit.

Pour prévenir ce malheur on amena les voiles, & on chargea le canon, les gens de mer prétendant que le bruit du canon agitant l'air fait crever les trombes, & les dissipe. Mais nous n'eûmes pas besoin de recourir à ce remede. Quand elles eurent couru pendant 10. minutes autour du vaisseau, les unes à un quart de lieue, les autres à une moindre distance, nous vîmes que les canaux s'étrecissoient peu à peu, qu'ils se détacherent de la superficie de la mer, & qu'enfin ils se dissiperent.

Vous vous attendez sans doute, Monsieur, que j'explique ce phenomene, mais je ne sai si cela est de la compétence d'un voyageur. J'ai rapporté le fait, c'est aux Physiciens à l'expliquer. Au risque cependant de faire le bel esprit mal-à-propos, je vais vous faire part de mes conjectures.

Je remarque d'abord que plusieurs Physiciens se sont trompez, lorsqu'ils ont assuré que les trombes étoient un signe infaillible d'une tempête prochaine. Vous n'avez qu'à considerer quel est le passage où nous avons vû ces trombes: c'est la Mer pacifique, mer où les vents souf-
flent

flent presque toûjours du même côté, & qui est renfermée entre les deux Tropiques. Ces trombes furent precedées & suivies d'un vent égal & leger, & nos Pilotes m'ont assuré que celles qu'ils avoient vû dans plusieurs mers n'avoient causé aucune tempête, mais très-souvent une pluye abondante, sans tonnerre. Au reste quand je dis que les trombes n'excitent point de tempêtes, j'entens une tempête generale qui regne par tout l'horison; car il n'y a point de doute que le canal dont je vous ai parlé ne soit plein d'un tourbillon de vent capable d'exciter une tempête dans l'endroit où il se forme, & c'est ce tourbillon qui cause le bouillonnement de l'eau, mais cette tempête est locale, comme je vous l'expliquerai plus bas. Les canaux de nue qui se forment sur mer, sont semblables, quant à la cause, à ceux qui se forment sur terre, mais les effets en sont differents. Le tourbillon qui est renfermé dans l'un & dans l'autre fait plus de ravage sur terre, où il laisse des marques de son passage, en enlevant les toits des maisons &c. Au lieu que sur mer on n'en reconnoit aucune trace, à moins qu'il ne rencontre quelque vaisseau, ou autre corps

corps solide, ce qui est bien rare. Venons à sa cause.

Vous concevez aisément qu'une nue peut en tombant sur une autre nue former un Eolipyle, qui se fait jour par la nue inferieure, & qui pousse contre la mer un tourbillon de vent capable d'exciter un bouillonement sur l'endroit de la surface de la mer où il se forme. Or ce tourbillon en tombant perpendiculairement sur les eaux produit deux effets differents. Premierement, il les enfonce, & par une compression violente, il forme une espece de fosse dans le centre du lieu où il s'applique. Representez-vous un vase plein d'eau : si avec un tuyau vous soufflez sur la superficie de l'eau, l'eau bouillonne, & il se fait une fosse au milieu. Secondement par cette fosse le tourbillon éleve les eaux au-dessus de leur niveau, & ces eaux par leur propre poids cherchent à regagner l'espace qu'elles occupoient : mais comme dans ce mouvement elles rencontrent les filets de la vapeur qui descend de la nue, elles glissent le long de ces filets, ou plûtôt elles les heurtent; en sorte que par une espece de vertu élastique, elles s'élevent d'environ un pied au dessus de la surface de la mer.

mer. Le corps de la vapeur qui descend de la nue forme la figure d'un canal, qui semble s'élever du milieu de la fumée, & qui remonte jusqu'à la nue. Je dis fumée, parce que ce canal (qui est plus clair ou plus obscur, selon qu'il est plus ou moins exposé aux rayons du soleil) ressemble à la fumée d'un feu noir & étouffé, & c'est la vapeur même qui forme cette fumée qui paroît au-dessus de l'élevation de l'eau.

Il y a plusieurs personnes qui croyent que la nue par le moyen de ce canal attire l'eau de la mer, de la même maniere qu'on attire le vin du fond d'une bouteille par le moyen d'un tuyau ou d'un chalumeau, c'est-à-dire que l'Air exterieur comprimant l'eau qui est autour de l'extrêmité du canal, la force à remonter jusqu'à la nue par ce même canal, dans lequel ils supposent que l'Air est extrêmement rarefié. Dans ce sens, il seroit assez inutile que les gens de mer tirassent le canon pour dissiper ce phenomene, car toute l'agitation de l'air ne serviroit à rien ; de même qu'on ne rompt point le fil d'un jet d'eau, de quelque maniere qu'on agite l'air.

Il me paroît donc plus vraisemblable,
comme

comme je l'ai déja dit, de suppoſer que la matiere de ces trombes ou de ces canaux n'eſt qu'une vapeur, qui s'échappant de la nue avec violence, forme l'image d'un corps continu, étendu depuis la nue juſqu'à la ſurface de la mer. Il faut conclure de ce principe (ſi vous l'admettez) que l'effet que ce phenomene peut faire ſur les vaiſſeaux, n'eſt pas de les ſubmerger par l'eau qui tomberoit perpendiculairement ſur leur tillac, mais d'emporter quelques voiles ou quelques mâts, parce que le canal rencontrant ce corps ſolide ſur ſa route, il en ſort un tourbillon violent, dont l'effet eſt ſoudain, mais de peu de durée. Il eſt certain par conſequent que les gens de mer ont raiſon d'agiter l'air par le bruit du canon, ſur tout ſi la trombe eſt voiſine, car alors ce bruit fait ſur la nue où elle eſt attachée le même effet que le ſon des cloches fait ſur la nue qui renferme le tonnerre

Je ne veux point m'arrêter à deduire mes conjectures ſur les autres circonſtances de ce phenomene ; comme elles dépendent toutes du principe que je viens d'établir, vous pouvez vous-même en tirer les conſequences qui en reſultent.

La

La pluye fut presque continuelle pendant plusieurs jours, & le tonnerre nous fit appréhender plus d'une fois quelqu'accident sinistre. Je ne prétends point vous faire ici un détail ennuyeux de la nature des vents, & des routes que nous tinmes pendant cette navigation. Si vous en êtes curieux, je vous ferai part à mon retour d'un journal assez exact, pour vous procurer de l'ennui. D'ailleurs si votre mauvais ange vous conseille jamais de tenter cette navigation, les plans & les journaux ne vous manqueront pas.

Nous eûmes depuis le 10. de Mai le plus beau tems, & le vent le plus constant du monde : plus de pluye, plus de tonnerre. On ne toucha pas deux fois aux voiles pendant quinze jours. Notre dessein étoit de relâcher aux Isles des Larrons : jamais terre ne fût plus desirée. Les vivres commençoient à nous manquer, & nous étions reduits aux viandes salées, c'est-à-dire qu'on multiplioit les occasions d'avoir soif, à mesure qu'on rétranchoit les moyens de l'étancher. Les moindres nuages qui s'élevoient à l'horison formoient une image trompeuse de la Terre : nous croyions voir des Montagnes, qui donnoient lieu à des gageures continuelles, mais le Soleil qui dissipoit cette terre mouvante, nous privoit bien-tôt d'une illusion si douce.

Le 27. de Mai nous vîmes un poisson, qui en nâgeant avec une rapidité extraordinaire, donnoit la chasse aux Bonites, Thons, Dorades, & autres poissons de cette espece. Comme il avoit une longue corne à la tête, & que nos plus anciens Pilotes n'en avoient jamais vû de semblable, on lui donna le nom de Licorne. Vous remarquerez, Monsieur, que dans toutes mes Lettres j'ai affecté de ne vous point parler des poissons. Que vous en dirai-je en effet qui n'ait été dit & écrit cent fois, & que vous ne sachiez aussi bien que moi?

Nos sentinelles continuoient à nous donner à tous momens d'agréables allarmes, & leur imagination frappée leur faisoit toûjours appercevoir la terre. Ils l'annonçoient à grands cris, & neanmoins elle sembloit fuïr devant nous. Pour moi qui souffrois cruellement de la soif, je rêvois sans cesse aux fontaines. La chaleur avoit fait sur mon corps de tristes operations, & j'avois, comme autrefois

M r

Mr de Voiture, des raisons fondamentales qui m'empêchoient de m'asseoir. Je passai presque tout le mois de Mai couché sur un lit dans une posture aussi triste qu'incommode. Il y avoit près de trois mois que nous étions partis du Perou: les deux premiers ne m'avoient causé qu'un leger ennui, le dernier m'en accabloit. Rien n'est plus inquiet que l'esperance: plus nous approchons du terme & de la fin de nos vœux, plus l'impatience nous tourmente.

Le 29. au matin nous apperçûmes un vaisseau qui nous suivoit, & qui tenoit notre route. Nous l'attendîmes, & lorsque nous fûmes à portée de discerner de plus près les objets, nous reconnûmes avec bien de la joye que ce vaisseau étoit un de ceux que nous avions laissé au Perou, & qui en devoit partir huit jours après nous. Cette heureuse rencontre suspendit tous mes maux. Rien n'ennuye plus que de voir les mêmes objets & les mêmes visages. Ces nouveaux venus me firent presque oublier ma soif: Varieté est ma devise.

Après qu'on eut mis de part & d'autre les chaloupes à la mer, j'allai à bord de ce vaisseau, où après les premiers complimens

plimens faits, je demandai aux Officiers quel étoit leur sentiment sur les Isles que nous cherchions. Ils me répondirent avec un sang froid qui me glaça, que suivant leur estime, ils s'en croyoient encore éloignez de 250. lieues. Peu s'en fallut que je ne me misse serieusement en colere contre eux. Nos Pilotes ou plus habiles ou plus vains (car toutes les opinions sur de pareilles matieres sont fort problematiques, sur tout quand après trois mois de navigation on n'a pû prendre la hauteur du pole, ni faire aucune observation, à cause de la proximité du Soleil) nos Pilotes, dis-je, soûtinrent qu'il étoit impossible que la distance fut si grande, parce que selon leur estime notre vaisseau auroit déja dû être rendu dans le Port de *Mariamne*, qui est une des Isles des Larrons. Cette raison n'étoit pas trop convainquante, & c'étoit là ce que vous appellez, vous autres Philosophes, une petition de principe. Pour moi qui n'étois qu'un Pilote de deux jours, je ne me piquai point de science infaillible, je ne sentis que la douleur d'être encore si éloigné des fontaines. Ne soyez point surpris si je repete tant de fois la même chose ; il ne faut qu'avoir

eu

eu une fois dans la vie autant de soif que j'en ai eu dans cette navigation, pour avoir un peu d'indulgence pour ces repetitions.

Après avoir bien disputé, on remit la decision à l'évenement. J'oserai pourtant dire que notre raisonnement paroissoit le plus juste, ayant observé la variation, qui étoit de 6. degrez & demi vers le Nord-est, & cette variation étant précisément celle qu'on doit trouver auprès des Isles des Larrons.

Le 30. au matin jour de la Pentecôte, nous eûmes connoissance de l'Isle *Mariamne*. Cette vûe nous donna cause gagnée. Les autres rejetterent une erreur si considerable sur les courants. Je vous l'ai déja dit, ces courants portent la tolenchere de toutes les fautes que font les Pilotes. On chanta le *Te Deum* après la Messe, & chacun remercia Dieu à sa maniere; je dis à sa maniere, car il ne faut pas vous imaginer que les Matelots prient Dieu comme le reste des hommes, ils ont un style à part.

Nous nous approchâmes de cette Isle, & à peine avions-nous jetté l'ancre dans la rade, que nous apperçûmes trois vaisseaux qui venoient aussi y relâcher. C'étoit

toit le reste de notre Escadre marchande, que nous avions laissée au Perou. Je ne pus m'empêcher d'admirer le hazard, qui nous réunissoit tous le même jour, quoique nous fussions partis de differents Ports & en differents tems.

Ce surcroît de compagnie, qui dans d'autres circonstances auroit pû nous causer du plaisir, ne nous en causa aucun, parce que nous craignîmes que tant de vaisseaux n'apportassent la famine dans une Isle que nous savions être peu pourvûe de vivres. Nous nous empressâmes de prévenir le Viceroi en notre faveur. Je descendis à terre avec le Capitaine, & nous lui rendîmes notre premiere visite. On nous fit passer par un guichet qui servoit de porte cochere à son Palais, & nous rentrâmes sous un portique, où je vis quelques fusils, sept ou huit rondaches, des lances, quatre drapeaux & un tambour. Quarante soldats rangez en haye sur l'escalier, nous reçurent avec toute la gravité de leur Nation, & leur Officier nous introduisit avec un air de ceremonie dans l'appartement du Viceroi. L'air gai & content dont ce Seigneur nous reçut, nous fit juger qu'il n'étoit pas fâché que notre arrivée lui procurât du pain & du vin, alimens dont il nous avoua qu'il manquoit depuis long tems.

Le mot de palais vous aura peut-être paru étrange, mais il faut que vous sachiez que ce qui s'appelleroit chaumine chez vous, a dans ces Colonies le titre de Palais. Celui dont il s'agit est couvert de paille & de feuilles de palmier, & consiste en trois salles: les deux premieres sont destinées pour le Viceroi, l'autre est reservée pour une troupe de jeunes Indiennes, qu'il éleve & qu'il fait instruire par charité : bonne œuvre qu'il peut faire sans scandale, son grand âge le mettant à couvert de la censure. Il nous promit toutes sortes de rafraichissemens, & nous nous reposâmes sur sa parole sans craindre qu'il y manquât, car étant Espagnol il auroit plûtôt jeûné six mois que de ne la pas tenir.

Nous rendîmes aussi visite à deux PP. Jesuites, qui me parurent de saints personnages. Ce n'est assurément pas l'ambition qui les a attirez dans ces Isles; ils y menent une vie très-austere & très-mortifiée.

A peine je respirai l'air de la Terre, que j'oubliai mes fatigues passées. Il n'y a rien en effet qui s'efface plus aisément de la memoire que les travaux attachez à la navigation. Il en est de l'homme de mer comme de la femme en couche, l'un & l'autre par un effet de la Providence perd promptement le souvenir de tous ses maux.

Les trois vaisseaux que nous avions apperçus, jetterent l'ancre le même jour vers le soir. Ils avoient été exposez aux dernieres extrêmitez. Le feu avoit pris dans le fond de calle du vaisseau *le Martial*, commandé par Mr de la Villepoulet, homme d'une capacité reconnue, & très-entendu dans les affaires de la marine. La foudre tomba dans le vaisseau *le Marquis de Maillebois*, & le Capitaine en ayant été frappé, mourut sur le champ. Beaucoup d'autres personnes furent blessées, tant par la chute du grand mâts, que le tonnerre brisa en mille pieces, que par la foudre même. Mr de la Perche succeda dans le commandement du vaisseau. Il y a peu de gens parmi ceux qui embrassent cette profession, qui ayent autant de merite, de politesse & de capacité. L'autre vaisseau nommé *la Bienaimée*, avoit aussi beaucoup souffert tant par la disette d'eau & de vivres, que par le scorbut, dont presque tout son équipage étoit attaqué.

Il n'y a point de navigation au monde si longue que celle du Perou à la Chine: il seroit même temeraire de l'entreprendre, si l'on étoit moins assuré des vents. La chaleur est accablante, parce qu'on ne s'éloigne que de 12. ou 13. degrez de la ligne équinoctiale, & l'air est si pesant, qu'il ôte l'usage de la respiration. Ajoûtez à tant d'incommoditez l'ennui qu'on a de voir toûjours le même spectacle devant les yeux: je ne vis pendant trois mois dans un espace de près de quatre mille lieues, que quelques oiseaux & des poissons.

Le lendemain de notre arrivée le Viceroi *Dom Juan Antonio, Francisco, Fernando Pimentela y Toledo*, vint nous rendre visite sur notre vaisseau. Nous le regalâmes autant que notre disette pût nous le permettre. Le meilleur plat, & celui qu'il agréa le plus, fut une décharge de sept coups de canons, qu'on fit pour saluer son Excellence. Nous convinmes des bestiaux qu'il nous donneroit en troc de farine, de biscuit, de vin & d'eau de vie.

Quoique l'Isle Mariamne soit aujourd'hui fort connuë, je ne puis neanmoins me dispenser de vous en dire deux mots. Cette

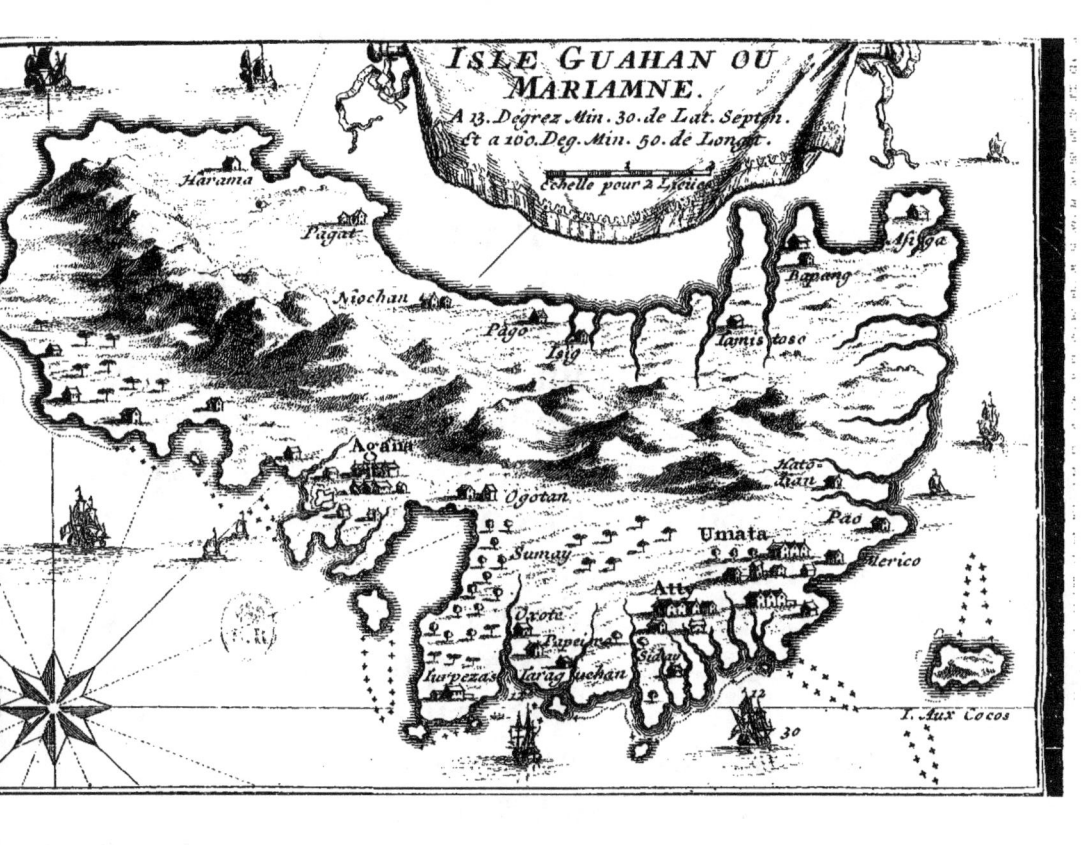

Cette Isle (qui est une des Isles appellées *des Larrons*) se nomme Guahan en langage du païs, & est située à 13 degrez 30. minutes de la latitude septentrionale ; son circuit est de 30. lieues, & son terrain est coupé par des montagnes d'un accès difficile, & couvertes d'arbres de plusieurs especes, sur tout de Palmiers & de Cocotiers.

Ses bourgs ou habitations principales sont Agana, Anigua, Asa, Rigues, Hugate, & Umata. Il y a devant cette derniere une rade où les vaisseaux jettent l'ancre. On trouve encore quelques autres habitations sur les montagnes, où se sont retirez les Indiens qui n'ont point voulu se soûmettre à la domination Espagnole, ou qui en ont secoué le joug après l'avoir reçu.

Les Naturels du païs sont presque nuds, & affligez de la lepre, qui est une espece de mal Epidemique parmi eux. Leurs cabannes sont couvertes de feuilles de palmier, & construites de gros troncs d'arbres enclavez les uns dans les autres. Leur maniere de vivre est triste & miserable ; mais les Espagnols qui y sont en garnison sont encore plus malheureux, parce qu'ils sont moins accoûtumez que les Indiens à ce genre de vie.

Cette Isle est d'un grand entretien, & ne me paroît être d'aucun avantage à la Couronne d'Espagne: c'est une conquête *ad honores*. La Cour d'Espagne veut peut-être par un trait de politique conserver une Colonie inutile, pour persuader au monde que l'interêt de la Religion a été l'objet de toutes ses conquêtes. Il n'y a en effet que le desir de maintenir les Indiens dans le Christianisme, qui puisse l'engager à faire cas de celle-ci. On y entretient trois cens Soldats, que le Gouverneur des Isles Philippines change tous les trois ans. Ils se marient avec les femmes de cette Isle, & on voudroit, s'il étoit possible, peupler cette Colonie par le moyen de ces Alliances; mais je crois qu'on en viendra difficilement à bout; le nombre des Indiens diminue tous les jours, & de quinze mille qui restoient après la conquête, à peine en compte-t-on aujourd'hui quinze cens.

L'Isle *Mariamne* produit du ris en petite quantité, & le coco est la nouriture la plus ordinaire de ces Insulaires: ils le broyent & l'arrosent avec du vin qu'ils tirent du même fruit. Ils ont encore plusieurs autres especes de fruits, le *Rima* qui est de la grosseur d'un melon; & dont

dont la chair est blanche & ressemble à la pâte d'orge; le *Doudou* qui a la figure d'un maron d'Inde, & dont le noyau a le goût de la chataigne; le *Nica*, l'*Issouni*, le *Dago* sont d'autres fruits que je n'ai jamais vû ailleurs qu'à Mariamne, & dont on se sert en guise de pain. Tous ces fruits étant mûrs, ont assez bon goût; mais pour les manger en guise de pain, il faut les cuire sous la cendre, & ne pas attendre qu'ils soient parvenus à une entiere maturité.

Il y a d'autres Isles plus au nord de *Mariamne*, dont les peuples, quoique soûmis à la domination des Espagnols, sont neanmoins inquiets & turbulents. Ces Isles prises ensemble se nomment *Isles des Larrons*. Magellan qui y aborda le premier leur donna ce nom à cause d'un vol que les Insulaires lui avoient fait de quelques ustensiles de son vaisseau. Au reste toute cette mer est remplie d'Isles, depuis ces parages jusqu'aux Isles Moluques. On y a découvert depuis peu les Isles Palaos ou de S. André. J'en ai une courte Relation écrite par un Pilote Espagnol, que je vous enverrois si elle étoit un peu moins obscure, mais elle ne parle ni de la situation de ces Isles, ni de leurs habitans. Les Espagnols de Manille veulent pousser plus loin leur découverte, ainsi nous en aurons un jour un détail plus exact.

Il y a dans toutes ces Isles une Mission dirigée par les PP. Jesuites, qui se soûtient depuis le commencement de la conquête, & que le fameux Pere de Sanvitores a scellée de son sang. Ces Missionaires ont été les vrais Conquerans de ces peuples, & les armes des Espagnols auroient fait peu de progrès, si les bons exemples, la fermeté & le zele infatigable des PP. Jesuites n'avoient adouci la ferocité d'un peuple inconstant & guerrier, & ennemi d'un joug étranger. Vous pouvez, Monsieur, lire une Relation de cette Mission, & de la conquête de ces Isles, écrite par le R. P. le Gobien de la Compagnie de Jesus.

On se sert dans l'Isle *Marianne* de petits bateaux dont la construction est fort particuliere. Les plus grands ont 30. pieds de longueur, & trois pieds de largeur. Ils vont toûjours à la bouline, & portent fort bien la voile par le moyen d'un contrepoids ou balancier opposé au vent, lequel tient le bateau dans un juste équilibre. Ils sont d'une legereté surprenante:

nante : leur proue & leur poupe sont semblables, se terminant en pointe ou éperon, & ils presentent au vent également l'un & l'autre ; en sorte qu'on n'a pas besoin de virer de bord, & qu'il suffit de transporter le gouvernail de la proue à la poupe, & de la poupe à la proue. On a vû des Espagnols assez hardis pour entreprendre dans ces bateaux le passage de cette Isle aux Philippines, quoiqu'il y ait plus de 400. lieues de distance.

Nous fûmes occupez pendant deux jours à embarquer les provisions que le Viceroi nous donna. Elles consistoient en cent poules, quarante canards, quatre bœufs, six moutons, huit cochons & en legumes. Il nous en auroit donné, nous dit-il, davantage, s'il n'eût point été dans la necessité d'en reserver pour la Hourque d'*Acapulco*, qui part tous les ans de la nouvelle Espagne pour venir à Manille, & vient prendre des vivres à *Mariamne*.

Le 4. de Juin un des vaisseaux de notre compagnie partit brusquement sans nous vouloir attendre, prétendant arriver le premier à Canton, pour conclure son marché avec les Chinois, dans l'apprehenſion que la quantité de Vaiſſeaux qui y alloient, ou qui y étoient déja, ne fit rencherir les ſoyes, & les autres marchandiſes.

Pour nous nous étions dans une incertitude d'autant plus fâcheuſe, que l'alternative des deux ſeuls partis que nous avions à prendre étoit également deſavantageuſe. Celui d'aller à *Canton* avoit ſes inconveniens, à cauſe du grand nombre d'Europeans qui s'y trouveroient, & celui d'aller à *Emoüy*, dans la Province de Fokien, avoit ſes riſques, parce que peu de vaiſſeaux d'Europe y abordent, & que ce port ne convient tout au plus qu'aux vaiſſeaux qui veulent retourner dans les mers du Sud. Le Capitaine choiſit ce dernier parti, ſuivant les inſtructions que ſes Armateurs lui avoient donné. Nous nous oppoſâmes autant qu'il nous fut poſſible à cette reſolution, en lui remontrant, que quand ſes Armateurs lui avoient donné ordre d'aller à *Emoüy*, c'étoit dans l'opinion que ce port étoit plus propre au commerce que celui de *Canton*: Qu'ils avoient été mal informez de la Carte du païs, & qu'ils lui ſauroient bon gré de n'avoir pas ſuivi leurs ordres, lorſqu'il les auroit convaincus

eus qu'ils étoient trop préjudiciables à leurs interêts. Mais nos remontrances furent inutiles, & il fallut subir sa destinée. Jusqu'à present il m'a paru que nous ne pouvions prendre de plus mauvais parti. Attendons neanmoins la fin pour en mieux juger.

Le 6. nous prîmes congé du Viceroi, & des PP. Jesuites. Toute la soldatesque de l'Isle ennuyée de vivre dans un desert, vouloit nous suivre : Le Viceroi accorda le congé à quelques uns de ces malheureux, & nous en prîmes onze pour renforcer notre équipage, après avoir remboursé le Viceroi de je ne sai quel argent qu'il prétendoit leur avoir prêté, & que je crois avoir été le prix de leur liberté. Ces gens qui depuis longtems n'avoient vécu que de *Rima* & de *Coco*, fruits d'une substance legere, se crûrent les plus heureux du monde, de se voir dans un lieu où ils pouvoient se rassasier de biscuit. Pour être insensible à une misere, il suffit d'en avoir souffert une plus grande.

Le 7. nous mîmes à la voile à la faveur d'un vent d'Est-nord-est, en compagnie des trois autres vaisseaux, & nous fîmes route à l'Ouest-nord-est. Le 8.

nous allâmes dîner à bord du vaisseau *le Marquis de Maillebois*, où Mr de la Perche nous fit une chere fort délicate ; nous trouvâmes sur tout excellens les chapons de *Mariamne*. Le beau tems fit naître la joye & la bonne humeur, & nous passâmes la journée agréablement. Je vous parlerai peu de cette navigation, la constance des vents dans ces parages ne donnant gueres matiere aux grandes avantures : depuis le 7. jusqu'au 22. de Juin nous fimes 484 lieues (route corrigée) vers le Ouest-Nord-Ouest, avec le plus beau tems, & le vent le plus favorable du monde.

Le 22. au matin nous eûmes connoissance du Cap *Engano* (qui est un promontoire des Isles Philippines) & nous découvrîmes presqu'en même-tems les Isles *Baboyanes*. Les vaisseaux de notre compagnie changerent alors de route, & nous nous separâmes après avoir fait les complimens usitez dans ces occasions. Ils passerent entre le Cap Engano, & la premiere des *Baboyanes*. Nous observâmes la latitude à 10. lieues du Cap Engano, laquelle fut de 18. degrez 49. minutes, & la longitude de 140. degrez 2. minutes La variation depuis l'Isle

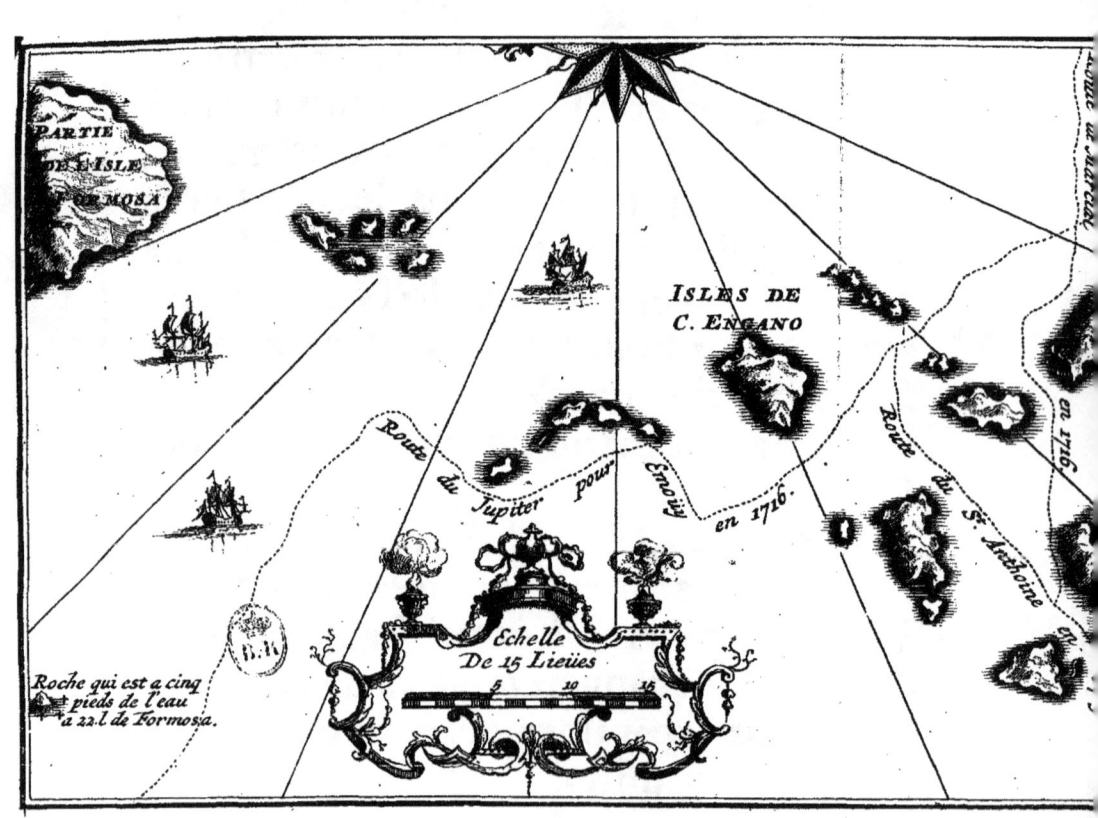

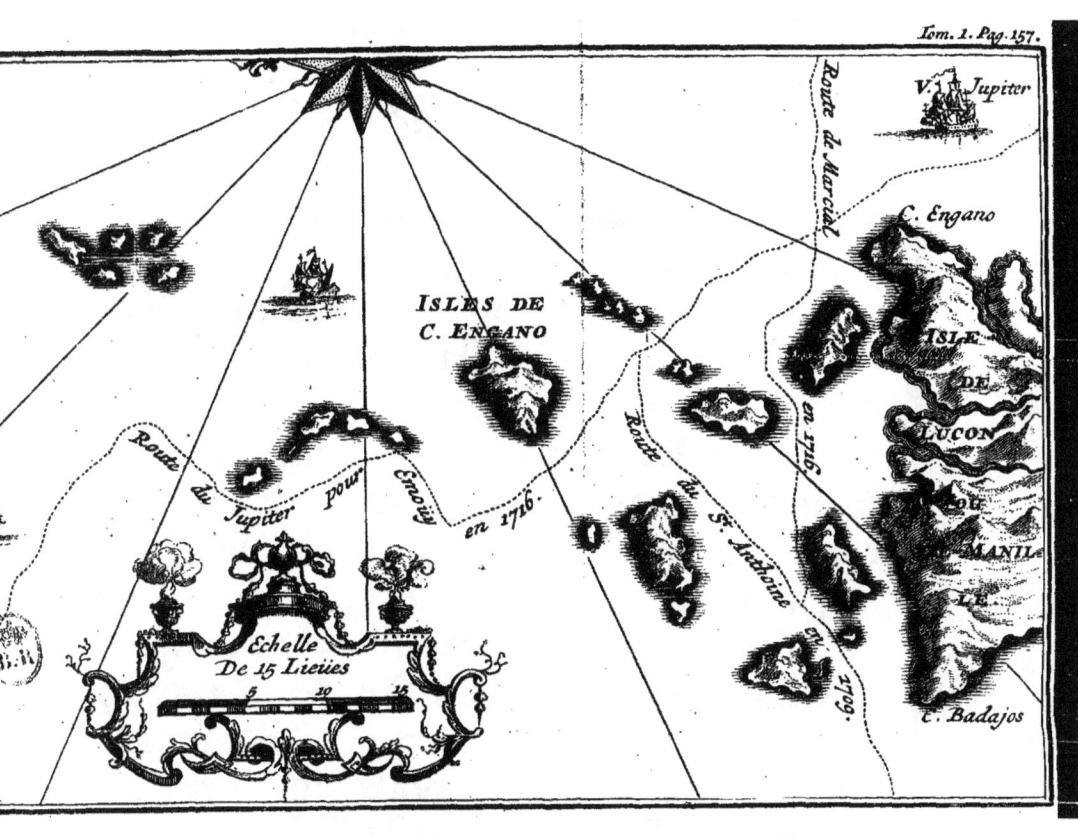

Marianne avoit toûjours diminué, & elle n'étoit dans ces parages que de 1. degré 30. minutes vers le Nord-est.

Nous fimes route à l'Ouest après cette separation, & nous passâmes au milieu d'une infinité de petites Isles, qui sont autant d'écueils que l'on doit craindre, & éviter avec soin. Nous faillîmes à perir sur une de ces Isles, où le courant nous jettoit, & notre naufrage étoit presque infaillible, si le vent, qui nous avoit manqué jusqu'alors, ne nous eût en soufflant retiré de ce danger.

Le 25. au matin nous apperçûmes l'Isle *Formose*, que les Hollandois ont rendu celebre par les combats qu'ils y ont donné contre les Chinois, & dont ceux-ci après plusieurs années de guerre les ont enfin chassez. On nous avoit averti de ne pas nous approcher de cette Isle, parce qu'on a découvert depuis peu quelques écueils au Nord-Est du Pic de *Formose*, d'autant plus dangereux qu'ils sont moins connus. Les courants nous portoient au Nord-Est d'une maniere sensible, & nous avions besoin d'un vent frais pour les vaincre, & pour ne pas tomber sur la partie orientale de *Formose*.

Le 26. nous sondâmes à 22. brasses
fond

fond de sable & de coquillage, étant alors à 23. degrez 16. minutes de la latitude septentrionale, & à 137. degrez 95. minutes de longitude. La mer étoit couverte de serpens que les rivieres de la Chine y entraînent, ce qui denote le voisinage de la Terre. Notre mâture se trouva en si mauvais état que nous ne pûmes profiter du vent qui nous favorisoit.

Le 29. nous apperçûmes les montagnes de la Chine : plusieurs Pêcheurs vinrent dans leurs bateaux autour de notre vaisseau, sans témoigner aucune frayeur, & nous apporterent du poisson frais, sans que nous le leur eussions demandé. Ils nous firent bien des signes, ausquels nous ne comprîmes rien : Nous conjecturâmes seulement qu'ils vouloient nous dissuader d'aller à *Emoüy*. Ils repetoient souvent ces deux mots, *Hiamuen Booz*, & plût-à-Dieu que ces signes, & l'interpretation que nous leur donnâmes eussent produit quelqu'effet, nous ne serions pas aujourd'hui dans l'embarras où nous nous trouvons.

Nous priâmes ces Pêcheurs de nous servir de guides pour entrer dans la baye d'Emoüy, & ils le firent de bonne grâ-
ce,

ce, en repetant cependant toûjours leur *Hiamuen Booz*, qui signifie *Emoüy mauvais*. L'entrée de ce port est remarquable par une montagne fort haute, sur laquelle il y a une tour, qu'on apperçoit de vingt lieues en mer, lorsque le tems est serein : Secondement par une petite Isle percée à jour qui est à six lieues de l'entrée de la Baye.

Nous y entrâmes le 29. Juin à quatre heures du soir, & nous jettâmes l'ancre devant le Temple principal de l'Isle, à deux lieues du Port & de la ville. Nous ne voulûmes point avancer plus loin, jusqu'à ce que nous eussions pris des mesures convenables à notre sûreté & à notre commerce. Cette baye peut avoir 8. lieues de circuit. La riviere de *Changcheu* s'y décharge, & forme un beau port, où les vaisseaux sont à l'abri de tous les vents.

Voilà, Monsieur, la maniere dont nous sommes arrivez à Emoüy. Il y a huit jours que nous attendons les resolutions des Mandarins. Jusqu'à present nous n'avons eu que de belles promesses sans effet. J'aurai soin de vous informer dans la suite de tout ce qui me paroîtra digne de votre attention. J'enverrai mes Lettres

tres à *Batavia* ou à *Canton*, d'où les Anglois & Hollandois partent tous les jours pour se rendre en Europe. Je suis, &c.

LETTRE SIXIE'ME.

A Emoüy le 15. *Août* 1716.

UN Chrétien Chinois vint il y a deux jours nous faire offre de ses services, & nous avertir qu'à Canton où il alloit, le Capitaine Johnson Anglois étoit prêt à mettre à la voile pour retourner en Europe. Je lui donnai aussitôt cette Lettre, que vous recevrez en même-tems que la precedente.

Nous avons été jusqu'à present accablez d'affaires. L'adresse des Chinois déconcerte notre prudence, & il ne nous reste pas même le courage de nous déterminer à un parti.

Le lendemain de notre arrivée nous fûmes reveillez au point du jour par les fanfares de deux *Schanpans* ou vaisseaux de guerre, qui vinrent jetter l'ancre près de notre vaisseau. Le bruit aigu des
chau-

chaudrons & des bassins d'airain, sur lesquels les Chinois frappoient nous étourdit beaucoup, & ne nous divertit gueres. Le Mandarin *Houpou*, c'est à-dire le Receveur général des douanes de l'Isle d'*Emoüy*, nous envoyoit ces *Schanpans* sous prétexte de nous honorer, mais en effet pour nous observer, & pour empêcher que les habitans d'Emoüy ne nous apportâssent des Marchandises. Cette coûtume est generalement observée dans tous les Ports de la Chine à l'égard des vaisseaux étrangers.

Deux de nos Officiers allerent à la ville pour saluer les Mandarins, & pour prendre avec eux les mesures necessaires, tant pour notre sûreté, que pour notre commerce. Ce Port est si peu frequenté par les Europeans, qu'il y auroit eu de la temerité à nous aller livrer entre les mains des Chinois, sans être assurez auparavant de la droiture de leurs intentions.

Nos Députez resterent si long-tems dans leur voyage, que nous craignîmes qu'il ne leur fût arrivé quelque disgrace. Ils retournerent enfin, & comme en changeant de climat, on ne change pas d'humeur & de naturel, nous leur fîmes

avec

avec notre vivacité Françoise mille questions dans un moment. Ils nous dirent que tous les Mandarins de la ville qu'ils avoient visité, les avoient très-bien reçus, & qu'ils leur avoient promis tous les secours dont nous aurions besoin. Que le *Houpou* sur tout leur avoit fait mille caresses, & un present de chevres, de jambons & de fruits du pays. Qu'il les avoit assurez que nous aurions une liberté entiere de commercer avec les Marchands d'Emoüy, moyennant certaines conditions, dont on conviendroit de part & d'autre ; en un mot qu'il feroit tous ses efforts pour nous rendre contents.

Quoique cette promesse fût assez vague, sur tout venant de la part d'un Chinois, Nation à qui les paroles gracieuses ne coutent rien, nous ne laissâmes pas de concevoir quelque esperance ; mais nous ne la conservâmes pas long-tems, comme vous le verrez dans la suite.

Le lendemain l'Interprete qui avoit servi nos Députez le jour precedent, & qui parloit un langage demi Portugais, nous apporta une Lettre de la part du Mandarin *Houpou*, laquelle étoit adressée au Capitaine du premier vaisseau Européan ropean qui viendroit à Emoüy. Elle étoit signée par le R. P. Laureaty Jesuite Italien, Missionaire Apostolique dans la Province de Fokien, & qui reside à *Focheu*, à 60 lieues ou environ d'Emoüy. Sa reputation nous étoit déja connue, & nous savions qu'il avoit rendu des services considerables deux ans auparavant à deux vaisseaux François qui étoient venus dans ce port, & que nous avions laissé au Perou. La substance de sa Lettre étoit :

    Que le Mandarin Houpou d'Emoüy
„ l'avoit prié de lui donner une Lettre de
„ recommandation pour le premier vais-
„ seau d'Europe qui viendroit dans ce
„ port, & d'assurer le Capitaine, & au-
„ tres Officiers de sa part, qu'ils y trou-
„ veroient toute sorte de sûreté & d'a-
„ vantage (il ajoûtoit) que de son côté
„ il tâcheroit de rendre service aux Eu-
„ ropeans autant que son caractere le lui
„ pourroit permettre, & qu'il tiendroit
„ toûjours la main à ce que le *Houpou*
„ executât, & fît executer tous les Trai-
„ tez qui se feroient de part & d'autre;
„ mais que cependant quoique l'inten-
„ tion du *Houpou* parût bonne, il ne
„ prétendoit en aucune façon être ga-
„ rand de la validité de ses promesses.

Que

Que pensez-vous, Monsieur, de cette recommandation ? loin de faire naître en nous la confiance que le Mandarin *Honpou* vouloit nous inspirer, elle augmenta nos premiers soupçons, & nous commençâmes à connoître évidemment que le parti que nous avions pris de venir dans ce port n'étoit ni le meilleur ni le plus sage. En effet j'aurois mieux aimé aller à *Canton*, qui est le port le plus renommé de la Chine, & où le commerce avec les étrangers donne un peu plus de bonne foi aux Negocians Chinois. Les deux vaisseaux qui avoient fait leur emplette à Emoüy deux ans auparavant, n'avoient pas eu lieu de se loüer de la probité des Negocians de cette ville. J'en avois connu les Officiers au Perou, & je leur avois entendu raconter des choses étranges de la perfidie Chinoise. Cependant malgré un exemple si recent, le Capitaine de notre Vaisseau s'opiniâtra à vouloir preferer *Emoüy* à *Canton*. Le mal que j'y trouve est que les Capitaines ne sont jamais les victimes de leur entêtement, & qu'ils ont des ressources que leurs Officiers subalternes n'ont pas.

Le 2. de Juillet nous descendîmes à terre au nombre de dix personnes. Nous al-

allâmes dans la maifon d'un Chinois, foi difant Chrétien, qui nous avoit préparé un magnifique déjeûner. (Il eft à propos que vous fachiez que la plûpart des Chinois fe difent ou Chrétiens ou difpofez à le devenir, pour faire leur cour aux Europeans, dans l'efperance qu'à la faveur de ce titre, on leur donnera la preference.) Celui-ci avoit fait venir dix chaifes à porteur faites de cannes de *Bambouc*, que les porteurs portent fur les épaules. Tous les Interpretes des Mandarins s'étant joints à nous, nous commençâmes nos vifites par celle du Mandarin *Houpou*. Une foule de peuple que la curiofité avoit attirée, nous environnoit de toutes parts. Les rues font fi étroites qu'il n'y peut paffer qu'une chaife à la fois. La mienne s'étant rompue, je reftai derriere les autres, expofé à l'indifcrete curiofité de la populace, à qui ma figure paroiffoit auffi burlefque, que la leur me fembloit grotefque & ridicule: effet ordinaire des préjugez. J'effuyai cent avanies, que je fouffris comme la plus muette de leurs idoles. L'un me venoit rire au nez; l'autre pour faire peur à fon enfant qui pleuroit, me le prefentoit en me faifant la grimace. Que
vous

vous dirai-je enfin ? J'étois la grosse bête; les chiens mêmes, les chiens aboyoient en voyant ma figure, & fuyoient à toutes jambes.

Après avoir traversé toute la ville, nous arrivâmes au Palais du *Houpou*. C'étoit le jour de sa naissance, & on jouoit une Comedie devant sa porte. Les spectateurs s'en donnerent bien-tôt une autre à nos dépens; les Acteurs interrompirent leur action, & joignirent leurs cris aux huées du peuple. Vous vous étonnerez sans doute, Monsieur, qu'une Nation que l'on vous a toûjours dépeint si polie, & à qui on donne tant d'éloges, ait pû nous traiter de la sorte; mais dites-moi de grace, si l'on transplantoit au milieu de Paris une douzaine de Chinois avec les habillemens de leurs pays, leurs moustaches & leurs petits yeux, en bonne foi seroient-ils mieux traitez.

Les Gardes du Houpou nous ayant conduit dans une grande salle, nous y trouvâmes le Mandarin assis sur un siege un peu élevé au-dessus de ceux qu'on nous avoit préparez. Il se leva aussi-tôt qu'il nous eut apperçus, & vint nous aborder d'un air riant tenant ses deux mains jointes, qu'il élevoit & qu'il baissoit en mar-
mottant

mottant je ne fai qu'lles paroles, que nous prîmes pour des complimens. Après que nous eûmes pris nos places, on nous prefenta du Thé de vingt fortes differentes, & à plufieurs reprifes du vin de Perfe, & des confitures. La converfation roula fur des proteftations de fervice que nous fit le *Houpou*, & fur de grands remerciemens de notre part, accompagnez de ces longues reverences à la Françoife qui firent rire fon Excellence Chinoife. Nos interpretes ne manquoient point de babil, mais ils n'entendoient & ne parloient qu'un mauvais jargon Portugais mêlé de Chinois, & le plus fouvent inintelligible.

Nous allâmes enfuite au château où le *Tító*, qui eft le Gouverneur general de toute l'Ifle, fait fa refidence. Ce n'eft pas un petit opera que d'avoir audience de ces Mandarins à grand colier. Nous attendîmes plus de deux heures que tout fut prêt pour notre reception. On nous fit traverfer plufieurs appartemens fort vaftes, mais fort nuds, & nous entrâmes enfin dans une grande cour, au bout de laquelle il y avoit un portique, dont le toit étoit foûtenu par 24. colomnes ou piliers. Là étoit le Mandarin *Tító* en habit de
demie

demie ceremonie, assis sur une table dorée, élevée de terre à la hauteur de trois pieds. Il nous rendit le salut sans sortir de sa place, ôtant seulement sa pipe de sa bouche (faveur signalée que nos Interpretes firent beaucoup valoir) & faisant de la tête le même signe que fait la Statue au Festin de Pierre. Deux Troupes de Soldats Tartares étoient rangées en haye entre les piliers du portique, & nos sieges étoient placez entre ces mêmes piliers, cinq de chaque côté. Notre Interprete s'étant prosterné aux pieds du Titô lui fit une longue & ennuyeuse harangue, à laquelle nous ne comprîmes rien. Le Titô lui ordonna ensuite de se lever, & de nous feliciter de sa part sur notre arrivée. Il nous fit lui-même plusieurs questions par la bouche de son Interprete, & il nous demanda de quelle Nation nous étions: ce que nous venions faire à Emoüy, &c. Après que nous eûmes satisfait sa curiosité, dix soldats Tartares entrerent, & nous presenterent du Thé & du vin de Perse. Cette ceremonie termina une visite si serieuse. Le *Titô* nous assura de sa protection, & nous promit qu'il nommeroit incessamment des Marchands avec qui nous pour-

pourrions entrer en Traité.

Nous rendîmes aussi visite au *Songya*, ou Lieutenant du Titô. Il ne nous entretint que de la maniere dont nous mangions dans nos repas, & il nous dit qu'il mangeoit regulierement 9. ou 10. livres de viande de Pourceau par jour; ce que je crus aisément en considerant sa taille, qui est gigantesque. Nous bûmes encore du Thé : cette liqueur fait l'essentiel d'une visite. Je m'apperçus qu'on me faisoit plus de caresses & d'honnêtetez qu'aux autres, & en ayant demandé la raison à notre interprete, il me répondit que ma grande taille, mon embonpoint, & l'épaisseur de ma barbe me rendoient plus respectable que les autres, dont la plûpart étoient maigres, & que dans ce païs on estimoit beaucoup les hommes gros, grands, & gras. Cette estime comme vous voyez n'est pas à l'épreuve d'un Carême.

Il fallut traverser une seconde fois la ville, pour rendre visite au Mandarin *Caïphantin*, ou Juge de police. (Si je n'écris pas bien tous ces noms, ce n'est pas ma faute, je les écris comme je les entends prononcer.) Ce *Caïphantin*, après nous avoir fait long-temps attendre à sa porte, nous envoya dire qu'une colique l'empêchoit de nous recevoir. Nous apprîmes dans la suite que cette maladie avoit été concertée, & que n'ayant jamais eu aucune pratique avec des Europeans, il avoit craint de nous faire trop ou trop peu d'honneur.

Après une corvée si fatiguante, je crûs que nous pourrions prendre quelque repos : mais le fils du *Houpou*, jeune Chinois assez aimable, nous ayant par un excès de civilité conviez à dîner, nous traversâmes de nouveau la ville, & quelle ville, Monsieur, nous n'en avons qu'une en France qui soit plus grande. Nous dînâmes sous un portique, où un essein de Chinois, qui restoient éblouïs de la dorure de nos habits, nous tint compagnie ; ce qui joint à une chaleur excessive, & à du vin de ris qu'on faisoit chauffer avant que de nous le presenter, me fit donner tous les Chinois au Diable.

Pendant que nous étions à table, les Mandarins nous envoyerent dire que nous étions les maîtres de faire entrer notre vaisseau dans le port, & que nous y serions en toute seureté. Mais nous n'osâmes prendre encore ce parti, & il fut resolu dans notre petit Conseil, qu'on
écriroit

écriroit au R. P. Laureaty pour le prier de venir à Emoüy, & je fus chargé de ce soin. Je lui témoignai dans ma Lettre le peu de confiance que la sienne nous avoit inspiré, le besoin que nous avions de son secours & de sa protection, & je le conjurai de venir à Emoüy, si ses affaires pouvoient le lui permettre.

J'envoyai ma Lettre au Mandarin *Houpou*, qui dépêcha la nuit suivante un exprès à Fucheu, où étoit le P. Laureaty. Cependant nous répondîmes aux Mandarins que nous avions resolu d'attendre la réponse du P. Laureaty, & de n'entrer dans le port qu'après que nous serions convenus de nos faits. Mais pour cacher nôtre defiance, & pour donner à notre refus une apparence honnête, nous ajoûtâmes que l'ignorance de nos Interpretes ne nous permettoit pas d'entrer en conference avec les Negocians d'Emoüy: Que nous ne pourrions entendre leurs propositions, ni leur faire comprendre les nôtres! Que l'arrivée du P. Laureaty leveroit ces obstacles, &c.

Les Mandarins parurent contens, & ils accorderent aux Chinois la liberté de nous apporter les vivres dont nous aurions besoin, tandis que nous resterions dans la baye.

Le 6. de Juillet un Chrétien Chinois Interprete du Mandarin Caïphantin, nous apporta un present de la part de son Maître, & nous decouvrit les motifs des caresses que les Mandarins nous avoient fait les jours precedents. Il nous dit ,, Qu'un
,, vaisseau Anglois étant venu l'année
,, passée dans ce port, les Negocians
,, d'Emoüy avoient agi de si mauvaise
,, foi avec les Directeurs Anglois, qu'a-
,, près leur avoir fait perdre le tems de
,, la Monçon par des délais affectez, ils
,, leur avoient enfin fait banqueroute.
,, Que les Anglois ayant vû le peu de
,, cas que les Mandarins faisoient de leurs
,, plaintes, & qu'il n'y avoit aucune jus-
,, tice à esperer, avoient enlevé du mi-
,, lieu du port un vaisseau ou jonque
,, chargée de marchandises du Japon.
,, Que les Mandarins outrez de cette in-
,, sulte avoient attaqué le vaisseau An-
,, glois avec plusieurs *Chanpans* de guer-
,, re. Que les Anglois s'étant retirez
,, dans la baye avec leur prise, de peur
,, d'être enfermez dans le port, avoient
,, dissipé l'escadre Chinoise d'un seul coup
,, de canon. Que l'Empereur ayant été
,, informé de cette action, & des motifs
,, qui avoient engagé les Anglois à la
,, com-

„ commettre, avoit caſſé tous les Man-
„ darins d'Emoüy, excepté le *Titô*, que
„ le Tribunal ſuperieur de Pekin con-
„ damna ſeulement à être privé pendant
„ une année des émolumens de ſon
„ emploi.

Ce diſcours confirma puiſſamment nos premiers ſoupçons. Il étoit déſormais impoſſible de ſortir de cette baye à cauſe des houragans, dont la ſaiſon approchoit, & du danger qu'il y a à naviguer ſur ces mers dans le mois d'Août & de Septembre. Ces houragans ſont des tourbillons de vents qui viennent ordinairement de l'Eſt, mais qui font quelquefois en moins de quatre heures le tour du compas. Les Chinois appellent ces coups de vents *tu-fan* en leur langue, & les Portugais, qui ſont les premiers voyageurs qui ayent eu commerce avec ces peuples, les appellent auſſi *tyſicon*. J'ai vû quelques Auteurs François qui leur donnent le nom de *ty-fon*, qu'ils ont ſans doute emprunté des Portugais.

Nous remîmes notre ſort entre les mains de la la Providence; chacun s'arma de patience, & cette vertu devint une neceſſité. Cependant le Mandarin *Hounou* nous envoyoit tous les jours des preſens.

Peu inftruits encore des coûtumes du païs, nous admirions fa generofité, & nous étions quelquefois tentez de croire, que celui-là au moins étoit un galant homme, mais nous payâmes bien cherement dans la fuite tant d'honnêtetez. Il nous avoit accordé, comme je vous l'ai déja dit, la permiffion d'acheter les denrées & les vivres que les Chinois nous apportoient dans leurs bateaux : fes Gardes, dont les deux vaiffeaux qui nous obfervoient étoient pleins, partageoient avec eux les profits qu'ils faifoient avec nous. Aucun bateau n'approchoit de notre vaiffeau, à moins qu'il n'en eût auparavant achetté la permiffion à beaux deniers comptans ; & cette maltôte faifoit hauffer confiderablement le prix de toutes les denrées.

Pendant le long & ennuyeux fejour que nous fimes dans cette baye, nous allâmes deux ou trois fois vifiter le Grand Pagode, devant lequel nous étions à l'ancre. Les Bonfes, qui font les Prêtres des Idoles, nous y reçurent avec beaucoup de courtoifie, & nous donnerent des colations de fruits & de confitures, que nous leur payâmes, car ici plus que par tout ailleurs, l'argent a une grande vertu.

Le 20. le *Tito* envoya un petit Mandarin pour prendre le compte de notre équipage, & le même jour on nous annonça l'arrivée du R. P. Laureaty, qui étoit parti de Focheu sitôt qu'il eut reçu ma Lettre. Le lendemain nous levames l'ancre, & nous entrâmes dans le port. Le R. P. Laureaty étoit déja logé dans la maison que le *Tito* nous avoit destiné : C'est un édifice situé sur le port, & qui nous coûte 500 taëls par mois. Nous y sommes tous logez fort commodément, & il n'y a que la chaleur qui nous y incommode.

Le R. P. Laureaty nous fit toutes les caresses que nous pouvions attendre d'une personne d'un merite si distingué, & il nous assura qu'il feroit tous ses efforts pour presser la conclusion de nos traitez. Il ne nous dissimula point que les Mandarins & les Negocians n'étoient pas trop honnêtes gens, mais qu'il les obligeroit à nous rendre justice. Il nous conseilla sur tout de nous défier de leurs caresses, & il trouva nos esprits disposez à suivre ce conseil.

On fit descendre du vaisseau 20. volontaires bien armez pour nous servir de garde : précaution qu'on ne doit jamais negliger,

negliger, parce que dans ce pays le moyen de ne rien craindre est celui de savoir se faire craindre. Le *Titô* & le *Houpou* avoient aussi mis des gardes aux portes de notre logis pour empêcher la contrebande.

Le R. P. Laureaty ayant remarqué que dans le premier repas qu'il fit avec nous, on ne servoit que du poisson sur la table, nous demanda pourquoi, & en honneur de quel Saint nous faisions abstinence le Dimanche : Dimanche ! lui répondîmes-nous tous surpris, il est aujourd'hui Samedi. Il se mit à rire, & nous assura qu'il étoit Dimanche. Un peu de reflexion me fit connoître qu'il avoit raison, & que nous avions perdu un jour sans nous en appercevoir, depuis notre départ de France jusqu'à notre arrivée à la Chine, par la route des Indes occidentales. Cependant nos meilleurs Pilotes hausserent les épaules, & regarderent le P. Laureaty avec des yeux de compassion, comme s'il avoit avancé une proposition ridicule. Ils n'oserent par respect le contredire, mais ils jetterent tout leur feu sur moi, qui m'avisai d'appuyer son sentiment. Ils apporterent leurs journaux, & produisirent même le mien pour me mieux

mieux convaincre. Nous étions partis un Lundy, & depuis ce jour on avoit marqué exactement les jours du mois & de la semaine: comment donc, disoient-ils, peut-il être aujourd'hui Dimanche selon le P. Laureaty, & Samedi selon nous? Il eut beau leur dire que cette erreur venoit de ce que notre route ayant été toûjours du levant au couchant, nous avions perdu chaque jour un certain nombre de minutes d'un midi à l'autre: il en fallut venir aux démonstrations pour les convaincre. La science de la plûpart des Pilotes n'est que superficielle: ils cherchent rarement à approfondir les phénomenes qu'ils ont devant les yeux, & ils n'ont le plus souvent qu'un peu de pratique sans theorie.

Rien n'étoit pourtant plus naturel que la perte de ce jour. Il n'y a qu'à considerer, 1º. Que le Globe celeste est divisé en 24. meridiens, & que chaque meridien est composé de 15. degrez. 2º. Que le Soleil parcourt un meridien par heure. 3º. Que plus le meridien est occidental, & plus les jours sont longs. Or l'erreur du voyageur vient de ce qu'il a compté les jours comme s'il étoit resté fixe dans le même lieu ou meridien d'où il est parti, & de ce qu'il n'a point fait attention au chemin qu'il a fait, comptant ses jours d'un midi à l'autre, sans considerer que quand il fait une longue route vers l'occident, son meridien devient chaque jour plus occidental, & que par conséquent les jours sont plus longs d'une heure par chaque meridien.

Au contraire, si le voyageur faisoit route de l'occident à l'orient, c'est-à-dire contre le cours du Soleil, ses jours seroient plus courts, à mesure que son meridien deviendroit plus oriental. Ainsi quoiqu'il comptât 24. heures d'un midi à l'autre, il n'y en auroit réellement que 23. (supposant qu'on puisse en 24. heures parcourir 15. degrez de longitude, ou un meridien entier) parce que le Soleil en parcourant les meridiens arrive une heure plûtôt à un meridien oriental, qu'à un meridien plus occidental de 15 degrez. Il est clair par conséquent que si nous retournions de la Chine au Perou, & du Perou en France, nous regagnerions le jour que nous avons perdu, au lieu que si nous passons par le Cap de Bonne-Esperance, c'est un jour perdu pour nous.

Les Espagnols & les Portugais s'étant ren-

rencontrez aux Isles Philippines, furent fort surpris de la difference qu'ils trouverent dans le calcul de leurs jours, quoique les uns & les autres eussent été fort exacts a les compter. Les Portugais étoient partis de Lisbonne, & avoient toûjours fait route d'occident en orient en passant par le Cap de Bonne Esperance; de sorte qu'étant arrivez aux Philippines, ils y commençoient le jour environ dix heures avant ceux de Lisbonne, parce que le meridien de ces Isles est éloigné d'environ autant d'heures du meridien de Lisbonne, c'est-à-dire qu'il y a 150 degrez de longitude de difference entre Lisbonne & les Isles Philippines.

Les Espagnols d'un autre côté arriverent aux mêmes Isles, après avoir fait route vers l'occident par le détroit de Magellan, & par la Mer pacifique. Ils devinrent peu à peu plus occidentaux que les Europeans, & ils eurent le commencement de chaque jour plus tard d'une heure par chaque meridien, à mesure qu'ils avançoient vers l'occident. Ainsi les Portugais ayant anticipé environ un demi jour, & les Espagnols en ayant perdu autant, il n'est pas étrange que se trouvant alors ensemble, ils ne fussent pas d'accord sur le jour de la semaine.

De là vient la question, s'il est possible que deux hommes nez & morts à la même heure, mais en différents lieux, different quant au nombre des jours de leur vie; ou bien si ceux qui voyagent d'occident en orient sont plus vieux d'un jour, que ceux qui vont d'orient en occident. On seroit fort attrapé si l'on comptoit là-dessus: les voyages par l'occident ne sont point une fontaine de jouvence qui recule la vieillesse; & à proprement parler on ne gagne, ni on ne perd aucun moment, de quelque côté que l'on fasse voile pour circuir le Monde; toute la difference consiste en la durée du jour ou de la nuit. Mais je m'apperçois que cette digression est un peu longue, & que l'envie d'étaler mon érudition m'a mené trop loin Tous les Mandarins rendirent visite au R. P. Laureaty, & la cour de notre logis fut pleine pendant trois jours de leurs boureaux & de leurs satellites, cortege ordinaire de ces Messieurs. Comme j'aurai sans doute occasion dans la suite de vous parler de ce Reverend Pere, & du rang qu'il tient dans cette Province, je ne vous en parle pas maintenant davantage.

Le

Le 25. nous envoyâmes au *Titô* les presens qui lui étoient destinez. Ils consistoient en six assiettes d'argent fort materielles, tels que sont les ouvrages faits par les Orfévres du Perou, six morceaux d'argent vierge du poids de 24. marcs, six fioles de baume du Perou (qu'on estime beaucoup à la Chine, & qu'on y vend au poids de l'or) douze bouteilles de vin de Canarie, deux paires de pistolets, & un vieux sabre. Les presens qu'on envoya aux autres Mandarins furent proportionnez à leur rang, à leurs emplois, & aux besoins que nous avions d'eux. Ils avoient déja eu soin de nous faire instruire du jour de leur naissance, jour auquel on est obligé de leur faire de nouveaux presens.

Ce que je trouve de plus ridicule ici, est que l'usage y est établi, que celui qui reçoit un present en paye la valeur à celui qui le fait. Le *Houpou* dont nous avions tant admiré la politesse & la generosité, nous envoya une liste des presens qu'il nous avoit fait, & en fit exiger le payement par son interprete. Les autres Mandarins firent la même chose, & nous payâmes non seulement leurs Oyes, leurs Chevres, leurs Fruits, &c. mais

mais encore on y ajoûta, tant pour le Secretaire qui en avoit dreſſé le Memoire, & écrit la Lettre de compliment, tant pour les porteurs & les ſoldats, tant pour les interpretes; en ſorte que les *item* ne finiſſoient point. Ces gens-ci ont lû ſans doute cette ſentence qui dit, *Melius eſt dare quam accipere*, car en effet les preſens ruinent ceux qui les reçoivent, & enrichiſſent ceux qui les font: c'eſt une maniere toute nouvelle de debiter ſes denrées.

Les Mandarins n'obſervent pas regulierement cette coûtume avec les étrangers; neanmoins ils donnerent à nos gens quelques monnoyes de cuivre, & les forcerent à les accepter, moins par honnêteté que par la crainte que leur refus ne nous autoriſât à ne pas leur payer les preſens qu'ils nous feroient.

Le 26. le Titô nous ordonna de deſarmer nôtre Vaiſſeau, ſelon les Loix du pays, & de remettre le gouvernail, les poudres, & les armes entre les mains d'un Mandarin de guerre. Nous éludâmes le premier article, en lui repréſentant que nous ne pouvions lever le gouvernail du vaiſſeau, ſans l'expoſer à un danger manifeſte, nifefte, à caufe de la rapidité de la Riviere de *Changecheu*, qui fe jette dans le port d'Emoüy, & qui pourroit faire rompre nos cables. Quant au fecond article, nous mîmes à part cinq ou fix vieilles carabines, autant de piftolets, quelques fabres, & quatres barils de cendre couverte d'une petite quantité de poudre. Tout fut mis en dépôt chez un Mandarin de guerre, qui s'embarraffa peu de vifiter ce qu'on lui apporta.

Le même jour le *Tutô* nous fit dire qu'il fe rendroit caution des Negocians qu'il nommeroit pour trafiquer avec nous: que ceux-là feulement feroient le Traité, & que fi nous en faifions avec d'autres, il ne répondoit point des évenemens. Rien de plus beau en apparence: il prétendoit nous donner à entendre qu'il veilloit à notre feureté, & à nos interêts : mais nous connoiffions déja le genie Chinois. Il s'étoit adreffé à deux Marchands principaux de la ville, & leur ayant propofé de leur donner la preference, moyennant la fomme de dix mille taëls qu'ils devoient lui payer d'avance: il les flatta qu'il feroit en forte que nous ferions obligez de ne traiter qu'avec eux, & qu'ainfi ils feroient les maîtres de toutes les marchandifes du

pays,

pays, parce qu'ayant la privative, les autres Marchands seroient contraints de leur donner leurs marchandises aux prix courants de la Chine. Après avoir parlé de la sorte à ces deux Marchands, il en fit appeller encore d'autres avec beaucoup de secret, à qui il fit les mêmes propositions, tâchant ptr ce stratagême de leur excroquer quelque somme, en les flattant tous en particulier de l'avantage de la preference.

Cependant nous ne pouvions manquer d'être les victimes de tout ce manege, & nous nous apperçûmes bien-tôt que l'avarice des Mandarins étoit la cause de tous les contretems qui nous arrivoient. Le *Titb* n'étoit pas la seule sangsuë qui demandoit du sang, il falloit encore satisfaire l'avidité de tous les autres Mandarins petits & grands, qui regardoient notre arrivée, comme un remede que la Providence leur envoyoit pour soulager leurs miseres.

Le *Houpou* (car chaque Mandarin annonçoit son antienne) nous fit dire aussi, que pour éviter les embarras qui survenoient quelquefois dans le payement des droits de le Doüanne, il avoit trouvé à propos de les faire payer aux Negocians Chinois:

Chinois : que nous ferions seulement tenus de declarer la quantité, la qualité des marchandises, & le nom du Marchand qui les auroit vendues. Ainsi tout concouroit à notre desavantage. Le *Houpou* avoit fixé les droits de la douane à 18. pour cent, & il falloit bien que d'une maniere ou d'une autre les Marchands reprissent cette somme sur nous.

Le 28. le *Houpou* vint faire la visite du vaisseau, & on lui tira sept coups de canon. Cette honnêteté n'empêcha pas qu'il ne nous taxât à 150. taëls pour le droit d'ancrage, tandis que les vaisseaux Japonnois, Armeniens, Anglois, & François ne payent dans les autres ports que 50 taëls pour ce droit. Ce Mandarin, homme doucereux, mais interessé, avoit aussi mis le prix aux denrées, en sorte que nous les payions au double de leur valeur. Il est vrai que les vivres sont ici à un si bas prix en comparaison de ce qu'on les achete en Europe ; que nous fimes peu d'attention à cet article. Neanmoins comme il étoit impossible que dans un grand détail il ne se commît quelque fraude de la part des Chinois, malgré la vigilance des espions du *Houpou* : il nous donna trois pourvoyeurs, pour empêcher,

cher, difoit-il, qu'on ne nous trompât, mais en effet pour empêcher qu'on ne le trompât lui-même. Je n'ai jamais vû de peuple qui fût si bien dorer la pillule.

Enfin le *Tito* nomma des Negocians pour traiter avec nous, & pour convenir du prix des marchandifes. Ils s'affemblerent dans notre maifon; mais nous ne conclûmes rien, & leurs prétentions nous épouvanterent. Ils nous dirent d'abord que si nous voulions faire emplette de foiries, comme Damas, Satins, & autres étoffes de cette efpece, il ne leur feroit pas poffible de nous les fournir dans le cours de cette année. Nous perdions par là la faifon propre pour paffer en Europe: premier inconvenient. Ils demandoient des prix extraordinaires: fecond embarras. Cependant nous nous trouvions dans une étrange fituation. La faifon des houragans approchoit, & nous craignions que les Chinois n'appriffent l'arrivée des autres vaiffeaux à Canton. Quelles propofitions ne nous auroient-ils point fait, s'ils en avoient été informez? Au refte pouvoient-ils l'ignorer long-tems? Nous preffions la conclufion de notre Traité, autant qu'il nous étoit poffible. Mais nous avions affaire à des gens fourbes hes & de mauvaise foi, qui voyant clairement que la saison de sortir de ce port étoit desormais passée, vouloient profiter de la necessité où nous étions d'y rester. Nous leur faisions tous les jours de nouvelles propositions, & nous n'étions pas assez politiques, pour leur cacher nos inquietudes. Plus nous leur donnions à connoître notre empressement, & plus ils affectoient une lenteur capable de pousser notre patience à bout. Ils rioient des menaces que nous leurs faisions quelquefois de partir : en un mot, les Mandarins & les Negocians avoient conjuré notre perte. Le Negociant principal nommé Empsia se retira à la campagne, & nous fit dire qu'il ne pouvoit traiter avec nous, & qu'il nous en diroit un jour les raisons : autre incident. Les Marchans d'Emouy ne pouvoient rien entreprendre sans son entremise ; cet *Empsia* étoit l'ame de tout le commerce.

Le R. P. Laureaty alla chez le Titô, & lui representa vivement le tort que tous ces retardemens nous causoient, & que cette conduite acheveroit de decrediter le port d'Emoüy : Que l'Empereur qui prétendoit que le commerce se fit avec droiture, jugeroit mal de son gouververnement, & joindroit cette affaire-ci avec celle qui étoit arrivée aux Anglois l'année precedente, & qu'enfin il lui conseilloit en ami de finir tous ces délais, d'autant plus qu'ils étoient contraires à ses propres interêts.

Cette remontrance nous jetta dans un nouvel embarras. Le Titô nous envoya son interprete, pour nous dire que si nous ne voulions que des soyes cruës de *Nanquin*, il feroit lui-même un Traité avec nous, & que nous pouvions lui remettre tout notre argent. Etrange proposition, que nous n'acceptâmes point. La conjoncture étoit pourtant délicate : on l'offensoit en refusant ses offres de service, & on couroit de grands risques en les acceptant. Comme il est rare que dans le commerce il n'arrive quelque incident, le Titô auroit été juge & partie : nos interpretes esclaves de ses volontez, n'auroient jamais eu la hardiesse de lui porter nos plaintes ; ainsi nous nous serions privez nous-mêmes des moyens de le voir, & de lui demander une justice qu'il ne nous auroit jamais rendu contre lui-même. Nous lui répondîmes qu'à la verité l'objet principal de notre carguaison étoit la soye cruë crûë de Nanquin, mais que la quantité d'argent que nous avions, & qui excedoit la somme de 250000 taëls, ne nous permettoit pas de charger notre vaisseau de cette seule marchandise, qui faisoit un trop gros volume, & qu'ainsi nous lui étions très-sincerement obligez de ses offres de service. Nous lui fimes maint autre beau compliment, pour mieux cacher notre défiance, & nous cherchâmes à la couvrir des prétextes les plus honnêtes qu'il nous fût possible d'imaginer.

Pendant que ces negociations durerent, il ne fut permis à aucun Chinois de nous recevoir dans sa maison. Les Gardes du Houpou nous accompagnoient par tout. Si nous entrions dans quelque magasin plus par curiosité, qu'à dessein de faire emplette, à peine nous en sortions que ces impitoyables Gardes y entroient, & obligeoient les marchands à partager avec eux les prétendus profits qu'ils avoient fait avec nous. Envain ces pauvres gens juroient que nous n'avions rien acheté, il falloit malgré toutes leurs protestations satisfaire l'avidité de ces satellites. Les Marchands las de ces extorsions, nous fermoient leurs portes. Leur antipathie pour les étrangers, que la consideration

deration de leur interêt avoit fuſpendue, éclata; chacun crioit haro fur nous, & la populace, qui eſt par tout inſolente, & qui l'eſt ici plus qu'ailleurs, ſe feroit portée à quelque extrêmité, ſi la preſence du R. P. Laureaty n'avoit ſervi de frein à ſa malice.

Les Mandarins s'étant apperçus de ce deſordre, firent alors afficher dans tous les quartiers de la ville des ordres pour retenir le peuple dans le devoir. Le Caïphantin ou Juge de police voulut rencherir ſur les autres, ſoit pour reparer l'incivilité dont il uſa envers nous quand nous allâmes le viſiter, ſoit à deſſein de s'attirer de nouveaux preſens, & d'exciter notre reconnoiſſance. Il diſoit dans ſes ordres que nous étions des perſonnages fort conſiderez en Europe, que la curioſité de connoître les mœurs & les coûtumes de la Chine avoit amenez dans cet Empire, & que le commerce que nous faiſions n'étoit que pour ſuppléer aux frais du voyage. Notre interprete l'alla remercier de notre part de ſa courtoiſie, mais parce qu'il y alla les mains vuides, il fût fort mal reçu.

Tant d'ordres donnez à notre avantage, n'empêcherent pas le R. P. Laureaty de de nous donner un conseil plus efficace, qui fut de ne point souffrir les injures des Chinois, & de leur donner des coups de cannes lorsqu'ils nous insulteroient, mais de ne nous point servir de nos épées, parce que l'effusion du sang étoit un crime capital dans cet Empire. Nous suivîmes son avis à la lettre, & chaque jour nous fournissoit des occasions de le mettre en pratique.

Quoique les Chinois soient d'un naturel lâche & timide, ils sont cependant malins, & ils insultent volontiers les étrangers, sur tout dans les lieux où ils n'ont pas coûtume d'aborder. Nos habits les choquent, & nos perruques leur paroissent la chose du monde la plus ridicule. Ceux d'Emoüy se confirment dans leur antipahie par le commerce qu'ils ont avec les Espagnols des Isles Philippines. Ceux-ci les traitent avec rigueur, & les prisons de leur Inquisition sont pleines de ces Idolâtres, qui par des vûes purement humaines embrassent le Christianisme, & qui renoncent à leurs engagemens sitôt qu'ils n'ont plus d'interêt à les conserver.

Tout le mois de Juillet & une partie d'Août se passa en déliberations inutiles,

nous

nous faisions mille projets, & n'en executions aucun. C'étoit un vrai Chapitre de Moines, où chacun vouloit dire son sentiment, & se piquoit de rendre son opinion différente de celle des autres. Nous connûmes notre faute lorsque le repentir fut devenu inutile. Nos embarras augmentoient chaque jour; au lieu de chercher les moyens d'y remedier, ou de songer à tirer parti de la necessité où nous nous trouvions, semblables à ces enfans qui frappent un ais qui leur a meurtri la tête, nous nous amusions à declamer contre la fortune & les Chinois; bien entendu que notre Capitaine, qui nous avoit jetté dans ce labirinthe, n'étoit pas oublié dans nos litanies.

Le 2. d'Août j'allai chez un riche Chinois, qui m'invitoit depuis long-tems à l'aller voir: Pour m'engager à faire de lui un jugement avantageux, il me montra une attestation d'un Ministre Anglois, écrite en Langue Latine, dans laquelle il étoit dit, que si quelque malheureux Européen étoit forcé par la destinée de venir dans le Port d'Emouy, il l'avertissoit que le Chinois nommé *Hia-cua*, étoit le plus grand fripon d'une ville dont tous les habitans

étoient

étoient voleurs, de mauvaise foi, &c. Bel avis au Lecteur; vous jugez bien de l'opinion que j'eus de cet honorable Chinois.

Le 4. je reçus des Lettres de Mr. de la Perche de Canton, où il étoit arrivé très-heureusement avec les autres vaisseaux de sa compagnie. Le prix des marchandises étoit bien different dans ce Port, quoiqu'il y eût 20 vaisseaux, Anglois, François, & Portugais. Ces nouvelles ne nous consolerent gueres. Il semble maintenant que nous ne trouvons d'autre consolation que celle de nous reprocher le parti que nous avons pris de venir ici, quoiqu'à parler sainement l'opiniâtreté d'un seul homme est la cause de tout le mal.

Avouez, Monsieur, que les malheureux sont des gens bien incommodes: ils étourdissent leurs amis du recit de leurs miseres. C'étoit là la consolation du saint homme Job, & c'est la mienne, mais vous ne devez pas en être la victime. Je suis, &c.

LETTRE SEPTIE'ME.

A Emoüy le 30. de Septembre 1716.

JE me plaignis beaucoup des Chinois dans la derniere Lettre que j'eus l'honneur de vous écrire, Monsieur, & c'est avec tout le chagrin possible que je me trouve encore aujourd'hui obligé de m'en plaindre, & de vous entretenir de choses tristes & ennuyeuses. N'en attribuez la faute qu'à vous-même: vous m'avez demandé un détail exact, je vous l'ai promis, & je m'acquitte de ma promesse.

Mais avant que d'entamer la matiere de nos disgraces, je vais vous raconter nos embarras accessoires à l'occasion de quatre Missionnaires qui vinrent se refugier dans notre Magasin le 9. d'Août, & nous demander conseil sur une affaire fort délicate. Nous fûmes sur le point de faire à leur égard, ce que faisoit un fameux avare, qui pour se dispenser de donner l'aumône, prévenoit les pauvres en la leur demandant. Nous étions plus difposez à recevoir des confeils qu'à en donner.

Ces Miffionnaires animez du zele de la Religion, & du defir de répandre la foi parmi les Infideles, oferent s'embarquer dans un vaiffeau Chinois, qui partoit de Manille pour venir dans la Province de Fokien, efperant que prenant cette route, il leur feroit plus facile d'échaper à la vigilance des Mandarins, & de fe rendre à *Changcheu* ville principale de cette Province, & le lieu deftiné pour leur Miffion.

Les differends qui regnent depuis longtems entre les Miffionnaires ont été caufe que l'Empereur de la Chine a défendu à tous ceux qui voudroient venir prêcher l'Evangile dans fon Empire, d'y entrer par un autre port que celui de Canton, où ils doivent attendre le *Piao* ou patente de l'Empereur. Les Miffionnaires la reçoivent rarement, à moins qu'ils n'ayent quelque talent qui les rende recommandables, & les Jefuites eux-mêmes font compris dans cette loi generale. Le Capitaine Chinois avoit promis à ces quatre Miffionnaires avant fon départ, qu'en arrivant aux côtes de la Chine, il mettroit fecretement à terre, & leur donneroit

roit un guide pour les conduire à *Changcheu*, & qu'il ne feroit aucun raport aux Mandarins de leur arrivée; ils voulurent profiter d'une occasion si favorable à leur zele, mais le perfide Chinois ne tint qu'une partie de sa promesse, & y manqua dans la plus essentielle; il les mit à terre à deux lieues d'*Emouy*, & à dix de *Changcheu*. Ils étoient vêtus à la maniere du païs, & leur guide, qui étoit un Chinois Chrétien, les conduisit heureusement à *Changcheu* Ils y resterent tranquillement pendant deux jours, mais Dieu, qui vouloit les éprouver dès le commencement de leur carriere, permit que le Capitaine Chinois allât donner avis aux Mandarins de leur arrivée, & du lieu où il les avoit laissé, disant que ces *Bonzes* Chrétiens vouloient aller à *Pekin* pour se faire examiner dans l'Academie des Mathematiques. Son intention étoit qu'on arrêtât ces Missionnaires sur cette accusation, esperant qu'il profiteroit de l'argent, & des nippes qu'ils avoient eu l'imprudence de laisser dans son vaisseau, & qu'il leur avoit promis de leur remettre à *Changcheu*. Il avoua même depuis, qu'ignorant les ordres de l'Empereur, il s'étoit imaginé qu'on les envoyeroit sur le champ

champ à *Pekin*. Mais il fut la dupe de son avarice, & de sa mauvaise foi. Le *Caïphantin* l'obligea de faire porter chez le *Houpou* tout ce qui appartenoit aux Missionnaires, & lui ordonna de les faire comparoître dans deux jours à *Emoüy*, sous peine de la confiscation de son vaisseau.

Le Capitaine se rendit à *Changcheu*, & somma les Missionnaires de la part des Mandarins de venir à *Emoüy*. Leur embarras fut extrême quand ils apprirent sa trahison, mais ils se rassurerent un peu, lorsqu'ils surent qu'il y avoit des Européans à *Emoüy*. Nous les reçûmes avec plaisir, & nous tâchâmes de les consoler. Mais ils ne parurent pas tranquilles quand on leur dit que le R. P. Laureaty demeuroit avec nous. Ils craignirent sans aucune raison qu'il ne les traversât dans le dessein qu'ils avoient de retourner à *Changcheu*. Telle est la prévention de tous les Missionnaires contre les Jesuites. Le R. P. Laureaty, à qui elle étoit connue, se trouvoit aussi embarassé, parce qu'il s'agissoit de proteger des gens qui avoient désobéi aux ordres de l'Empereur; s'il leur arrive quelque disgrace, nous dit-il, ils m'accuseront d'en être l'auteur, & si par le moyen des amis, que j'ai dans cette Province, je leur rends quelque service, comme la charité chrétienne m'y engage, ils se vanteront que je n'ai pû leur nuire. Les suites justifierent sa pensée: cependant leur entrevûe fut fort honnête, & le P. Laureaty leur promit son assistance de la meilleure grace du monde.

Nous leur donnâmes un logement, en attendant que les Mandarins eussent decidé de leur sort. Ils nous raconterent pendant le séjour qu'ils firent avec nous, les dangers qu'ils avoient courus dans leur navigation depuis les Isles Philippines jusqu'à la Chine. Il survint une tempête qui les mit en danger de perir, moins par la violence des vents, que par la superstition barbare des Chinois. Ceux-ci ayant vû que la tempête augmentoit, & qu'un brouillard épais leur déroboit la vûe des montagnes qui leur servent de regle dans leur navigation (car ils ne se servent gueres de boussole) ils crurent que leur perte étoit inévitable. Les principaux passagers, & les chefs du vaisseau s'assemblerent sur la poupe, où étoit leur idole protectrice. Ils firent plusieurs suffumigations, & dresserent une natte de de roseaux, qu'ils couvrirent de ris en grain. Un de la troupe se coucha dessus cette natte, ayant pour oreiller un grand chapeau de paille pointu, & large par les bords. Quelque tems après plein du diable qui le possedoit, les yeux étincelants, la bouche écumante, il s'élança sur le haut de la poupe, & ayant pris une canne de banbouc, il la fit tourner autour des assistans avec tant de vitesse, qu'il sembloit vouloir les assommer. Cependant ils ne paroissoient pas apprehender ses coups, dans l'opinion où ils sont que leur Idole ne permettra pas qu'ils soient offensez ou blessez dans cette occasion. Les Missionnaires qui avoient moins de confiance dans l'Idole, craignirent plus d'une fois que ce furieux ne leur ouvrît la tête.

Cet exercice violent dura près d'une demie heure; ensuite il se coucha sur la natte, & traça sur le ris quelques caracteres; mais soit qu'ils fussent mal formez, soit qu'ils ne signifiassent rien, ils le prierent de se rendre plus intelligible. Alors il prit un papier qu'on lui presenta, & écrivit avec sa langue dégoutante de sang quelques autres caracteres, qui marquoient ce qu'on devoit jetter à la mer.

mer. Tantôt c'étoit un coffre de marchandises, tantôt une charge de ris, jusqu'à ce qu'enfin le vaisseau se trouvât moins chargé. Pendant tout ce desordre les Missionnaires étoient en prieres, semblables à des criminels qui attendent le moment de leur supplice, & apprehendant toûjours que le Diable, qui parloit par la bouche de ce Chinois, n'ordonnât qu'on les jettât aussi à la mer.

Nous n'aurions jamais ajoûté foi à un recit si extraordinaire, si le R. P. Laureaty ne nous avoit assuré très-serieusement qu'il lui étoit arrivé presque la même chose, lorsqu'il passa aux Philippines, & il ajoûta que rien n'étoit plus ordinaire que ces sortes de superstitions parmi ces infidelles.

Le 17. Août le Caiphantin ordonna aux Missionnaires de comparoître devant lui. Le P. Laureaty le pria d'épargner à ces Religieux une pareille corvée, & d'envoyer des gens pour les interroger. Le Caiphantin y consentit: Si les Missionnaires avoient comparu devant le Tribunal de ce Mandarin, ils y auroient été conduits en criminels : ils lui auroient parlé à genoux, & peut-être la chaine au col, suivant le caprice de la canaille

qui

qui sert de garde aux Mandarins, & qui se seroit fait un plaisir d'inventer de nouvelles humiliations pour les mortifier. Ils répondirent à ceux qui les interrogerent, qu'il étoit faux qu'ils eussent dit au Capitaine Chinois qu'ils vouloient aller à Pekin ; que leur intention avoit toûjours été de se rendre, & de rester à Changcheu, où étoit leur mission ; & qu'enfin ils conjuroient les Mandarins de leur permettre au moins de se retirer à Canton, puisque le séjour qu'ils avoient souhaité de faire dans cette Province, étoit contraire aux ordres de l'Empereur.

Les Mandarins à la sollicitation du R. P. Laureaty leur accorderent non seulement cette grace, mais encore celle de rester à Changcheu, jusqu'à ce qu'ils eussent reçu des ordres du Viceroi de la Province. Leur argent & leurs nippes leur furent rendues, & ils partirent pour Changcheu : je ne sai si je dois attribuer le mécontentement qu'ils firent paroître aux préjugez ou au caprice ; car soit qu'ils fussent mieux informez que nous, soit que le P. Laureaty détruisît en particulier le bien qu'il leur faisoit en publie ; ils lui attribuerent les premiers contre-tems qu'ils avoient essuyez. Quoi-qu'il qu'il en soit, je ne puis croire qu'il ait été l'auteur d'un mal auquel il apporta des remedes si efficaces.

Venons maintenant à nos affaires: elles étoient toûjours dans le même état. Cet Empsra dont je vous parlai dans ma Lettre precedente, étoit sourd à nos prieres, & refusoit constamment de revenir à la ville. Nous ne pouvions rien conclure sans son entremise, & notre plus grand malheur venoit de ce qu'il ne l'ignoroit pas. Tant d'obstacles nous rebutoient, & nous étions prêts à subir les dures conditions qui nous étoient offertes, lorsqu'enfin nos affaires changerent un peu de face.

Un riche Marchand de Canton, nommé *Changchua*, ayant sû notre arrivée dans ce port, & les embarras où nous nous trouvions, vint à Emouy pour traiter avec nous à des conditions plus raisonnables. Empsia craignant que ce nouveau venu ne lui arrachât sa proye, accourut aussi-tôt, & s'étant associé avec lui, il ne tarda gueres à le seduire par ses discours. On diminua à la verité quelque chose des premiers prix, mais il s'en faut beaucoup que notre Traité soit à notre avantage.

Nous

Nous apprîmes alors quelles avoient été les veritables raisons qui avoient engagé *Empsia* à se retirer; comme il étoit le Negociant le plus considerable d'E-moüy, & peut-être le seul en qui l'on put se fier un peu: Le Titô l'avoit nommé chef de notre Negoce, & prétendit qu'il devoit reconnoître cette faveur par un don de 10. mille taëls. Les autres Mandarins avoient aussi leurs prétentions, & *Empsia* se trouva si embarrassé, que n'osant leur refuser, ni leur accorder tout ce qu'ils demandoient, il jugea qu'il n'y avoit qu'une prompte retraite qui pût le mettre à couvert de leur avidité. Il prévit bien que rien ne se concluroit pendant son absence, & qu'il seroit toûjours à tems de s'accomoder avec les Mandarins; & en effet de peur de tout perdre, ils relâcherent beaucoup de leurs premieres demandes.

Après la conclusion de notre marché, nous donnâmes aux Marchands les deux tiers de l'argent d'avance. Ils s'obligerent de charger nôtre vaisseau le 15. Decembre prochain, & de nous mettre en état de pouvoir profiter de la saison, & de partir vers le commencement de Janvier.

Cette maniere d'avancer l'argent vous semblera étrange, mais on ne peut gueres traiter qu'à ces conditions, car les Chinois qui sont les plus grands usuriers du monde, profitent plus sur ces avances que sur les marchandises qu'ils vendent. Il y a encore une autre chose à remarquer pour l'intelligence du commerce, c'est que les Chinois évaluent l'argent selon son aloi.

Nous avions de l'argent de cinq sortes, des piastres du Perou, des barres, de la pigne, de la vaisselle, & de l'argent fondu. Les piastres Mexicaines se prennent au poids, & les Chinois les preferent à celles du Perou; mais ils ne donnent aucun benefice sur le poids des unes & des autres. La barre d'argent qui est un argent quinté, s'achete au Perou neuf piastres quatre reaux le marc, & la pigne, qui est un argent pur & non quinté, ne s'y paye que huit piastres & quatre reaux, & quelquefois moins; cependant les Chinois prennent l'un & l'autre argent sur le même pié, sans distinction, & donnent cinq pour cent de benefice sur le poids: l'argent fondu a presque le même benefice, mais on perd jusqu'à dix pour cent sur la vaisselle à cause de
l'al-

l'alliage qu'on lui suppose; ainsi il-est plus avantageux aux étrangers qui trafiquent avec les Chinois de fondre l'argenterie lorsqu'ils en ont, car quelque diminution qui se trouve après la fonte, elle n'arrive jamais à dix pour cent, & on peut esperer encore d'avoir quelque benefice sur le poids.

Nôtre cargaison devoit consister en soyes cruës à raison de 175. taëls le quintal, en damas, & demi damas, satins, gros de tour, étamines, chagrins, &c. en porcelaines, vernis, broderies, un peu de Thé. On oublia le meilleur article, savoir les drogues medicinales sur lesquelles le profit est toûjours certain. Mais c'étoit nôtre destinée de faire tout de travers.

Nous achetâmes toutes ces marchandises à 30. pour cent plus cher qu'elles ne se vendoient à Canton. Le prix des pieces de damas de 12. aunes étoit de 7. taëls 5. masses & 5. condorins qui font 37. livres 15. sols, valeur intrinseque de nôtre monnoye. Les autres étoffes furent vendues à proportion.

Les Mandarins resterent garants de nos traitez, & les Chinois s'obligerent à payer les droits, comme nous en étions déja convenus avec le *Houpou*; ainsi nous commençâmes à goûter un peu de repos.

Le 28. d'Août nos Marchands nous inviterent à dîner. Quel charivari, Monsieur, quel repas, quelle comedie! jamais Nation ne m'a paru plus importune par ses complimens. Deux Chinois en habit de ceremonie, nous conduisirent chez *Empsia*, l'Amphitryon de la fête. Plusieurs jeunes garçons habillez grotesquement, s'y disposoient à nous ennuyer par le recit d'une Comedie Chinoise. Six tables étoient dressées sous un portique sans nappes & sans assiettes; elles étoient seulement entourées de tapis brodez de soye, qui pendoient jusqu'à terre. Ma curiosité me conduisit à la cuisine, où je vis une chambre pavée de charbons enflammez par compartimens quarrez, & une troupe de marmitons armez de longues fourches & de tridents, au bout desquels ils avoient embroché des canards, des poules, & de petits cochons, &c. Ils promenoient gravement ces fourches par dessus les charbons, & brûloient la viande au lieu de la rôtir. Ils prétendoient nous servir à la Françoise, car ils ne servent presque jamais des pieces de viande entieres.

On se mit à table après bien des complimens, qui durerent plus d'une heure, encore en supprima-t-on la moitié, parce que nous étions des gens d'un autre monde. On servit sur nos tables plusieurs plats vuides, qui étoient reservez pour les viandes rôties, que les marmitons, toûjours armez de leurs fourches, apporterent au commencement du repas. La gravité, qui est le prélude de tous les festins Chinois, nous empêchoit d'éclater de rire, quoique nous en eussions une forte envie. Un Ecuyer tranchant vint ensuite découper les viandes avec des mains si sales, & si dégoûtantes que personne n'osa toucher à ces mets accommodez à la maniere prétendue Françoise.

Cependant la comedie avoit commencé par les fanfares d'une espece de cornet à bouquin par le tintamare de plusieurs bassins d'airain, d'un tambour fait de peaux de bufle, & enfin par des danses grotesques, qui acheverent de nous impatienter.

Après le premier service on apporta les ragoûts Chinois dans de grandes jattes de porcelaine. Ces mets n'étoient pas mauvais, mais c'étoit pour nous le repas de la Grue & du Renard, & nous ne pouvions nous servir des petits bâtons,

dont

dont les Chinois se servent pour manger. Nous n'osions tremper les doigts dans la sausse, faute de serviette pour les essuyer. On y remedia ; mais voici un malheur auquel nous ne pûmes apporter de remede sur le champ. Leur boisson chaude ne nous accommodant pas nous avions eu la précaution d'apporter du vin du Perou, & les Chinois accoûtumez à ne rien boire de frais s'imaginerent nous rendre un grand service en le mettant auprès du feu. Jugez de nôtre surprise quand nous le vîmes fumer dans le verre. Cependant ils se scandaliserent de ce que nous ne nous envyrions pas, & nôtre sobrieté les choqua.

Enfin le repas finit, & la comedie aussi, graces à Dieu : chacun paya son écot, & se retira : je vous expliquerai une autre fois cette coûtume ; il n'est pas tems encore que j'entre dans le détail de leurs usages.

Le P. Laureaty que les affaires de sa Mission appelloient à *Focheu* capitale de cette Province, se preparoit depuis long-tems à partir. Cette separation nous fut très-sensible : sa compagnie nous plaisoit infiniment, & je n'ai jamais vû de vieillesse plus aimable & plus gaye. Son com-

mer-

merce étoit doux, & il faisoit chaque jour de nouveaux progrès dans le cœur de tout le monde. Il est né à Macerata dans la Marche d'Ancone. Il entra dès sa plus tendre jeunesse dans la Compagnie de Jesus, & fit ses études à Rome avec beaucoup de succès: il a une grande vivacité d'esprit, une connoissance parfaite des belles Lettres, une memoire surprenante, un jugement ferme & solide, & un attachement inviolable aux interêts de sa Compagnie. Il y a 22. ans qu'il partit de Rome pour venir prêcher la foi dans cet Empire.

Ses Superieurs l'envoyerent d'abord dans une Province septentrionale, où il trouva beaucoup de difficultez à établir la foi qu'il prêchoit. Mais sa patience, son zele, l'austerité de ses mœurs, & une application singuliere à étudier la langue & le genie des ces peuples, leverent tous les obstacles qu'il avoit trouvé dans les commencemens. Quelque-tems après étant passé aux Philippines, dans le dessein d'y établir une Mission pour l'Amerique, & n'ayant pû y réussir, il lia amitié avec M. de Tournon Patriarche d'Antioche, qui arriva à Manille dans ce tems-là, & il l'accompagna jusqu'à Can-

Canton. Les disputes qui survinrent ensuite entre les Missionnaires lui firent prendre la resolution de demander à ses Superieurs la Mission de *Focheu* ville capitale de la Province de *Fokien*. Je lui ai souvent ouï dire que prévoyant dès ce tems-là que la division alloit regner parmi les Missionnaires, il avoit mieux aimé se confiner dans le fond d'une Province, que d'être le témoin ou le complice du schisme qu'il apprehendoit. Il ne s'appliqua dans sa nouvelle Mission qu'à la conversion des infideles, & il y attendit patiemment que l'orage se dissipât. Quelque-tems après l'arrivée de M. le Patriarche, l'Empereur irrité contre les Missionnaires qui vouloient condamner le culte des Ayeux, & les autres ceremonies, fit un Edit, qui portoit que tous les Missionnaires qui s'étoient établis dans son Empire sans son aveu se retirassent incessamment. Cet ordre regardoit particulierement les R.R. P.P. Dominicains, & Messieurs de la Congregation *de propaganda fide*. Le P. Laureaty les secourut dans sa Province, & empêcha par son credit, & par l'autorité qu'il s'étoit acquis sur les Mandarins, que les Ministres n'executassent leurs ordres à la rigueur.

J'ai

J'ai souvent ouï blâmer l'autorité que les Jesuites ont à la Chine, comme contraire à l'humilité que l'Evangile prescrit à ses Ministres. Il est certain que si les Missionnaires de quelque Societé qu'ils soient abusent de leur pouvoir, si l'ambition seule les fait rechercher les titres pompeux & les honneurs, ils sont condamnables; Mais je suis convaincu que les Prédicateurs de l'Evangile ne peuvent avoir une autorité trop étendue dans l'Empire de la Chine. Les peuples ne se prennent que par les yeux; le nom redoutable de Mandarin les intimide; & un Missionnaire paré de ce titre est à l'abri des insultes de la populace, ennemie jurée du nom Européen. D'ailleurs la Religion s'insinue mieux dans l'esprit d'un peuple naturellement idolâtre & superstitieux, lorsqu'elle est prêchée par des hommes dont le caractere & la dignité sont respectables. Si quelqu'un abuse de cette autorité, c'est un accident qui n'en détruit point la necessité. Au reste, je ne prétends pas par ce nom de Mandarin vous faire entendre que les RR. PP. Jesuites soient réellement Mandarins, puisqu'ils n'ont aucune charge, & qu'ils n'exercent aucune Magistrature, mais comme me ils ont la sauve-garde de l'Empereur & son amitié, les Mandarins de l'Empire les respectent, & les traitent comme s'ils étoient leurs égaux, & cela suffit pour contenir le peuple.

Le *Tito* m'accorda la permission d'accompagner le P. Laureati jusqu'aux extrêmitez de l'Isle d'Emouy. Nous rencontrâmes sur la route le Mandarin, Gouverneur de la campagne, accompagné de 60. hommes à cheval, & de ses bourreaux. Aussi-tôt qu'il eut apperçu la chaise du P. Laureati, il mit pied à terre, & le vint saluer. Tous ses gens mirent bas les marques de leur jurisdiction, & resterent en haye les bras croisez sur l'estomac. Le P. Laureati reçut le Mandarin fort honnêtement, mais d'une maniere pourtant qui faisoit sentir quelque superiorité. Les complimens furent courts de part & d'autre, & chacun suivit sa route.

Nous rencontrames de lieue en lieue des Députez des Mandarins d'*Emouy*, qui presenterent au P. Laureaty divers rafraîchissemens de la part de leurs maîtres De demie lieue en demie lieue on trouve des villages composez d'une seule rue, dont toutes les maisons sont habitées par des cabaretiers, pour le soulagement des voyageurs. On y change de porteurs, car la voiture la plus ordinaire est la chaise que deux ou quatre hommes portent sur les épaules. Les chemins sont pleins de voyageurs, & les campagnes, qui ne restent jamais incultes, sont couvertes de paysans & de laboureurs. Voyez-vous, me disoit le R. P. Laureaty, ces plaines cultivées avec tant de soin & de peine, c'est une image qui nous represente tout l'Empire de la Chine. On voit dans toutes les Provinces la même ardeur pour le travail, la même abondance, & la même multitude de peuple.

Nous arrivâmes après deux jours de marche sur les bords du canal qui separe l'Isle d'*Emouy* de la terre ferme. C'est un bras de mer large d'une demie lieue, couvert de bateaux attachez les uns aux autres par de fortes chaines, & qui forment une ville flottante. Il y a sur les bords de la mer un grand Pagode où le *Titô* d'Emouy avoit fait preparer un festin, mais le P. Laureaty ne voulant pas s'arrêter, s'embarqua avec toute sa suite, qui étoit composée de 18 personnes, & remercia les domestiques du Titô, a qui il fit quelques largesses, suivant la mode du païs.

Je pris congé du P. Laureaty à regret, & je l'aurois suivi très-volontiers jusqu'à *Focheu*, s'il y avoit eu moins de risque à courir au retour. Il me promit d'entretenir avec moi un commerce de Lettres, & de répondre avec sa bonté ordinaire à toutes mes questions. Je n'avois pas cessé de lui en faire pendant le sejour qu'il fit avec nous, sur les usages & les mœurs des Chinois. Je lui demandois raison de tout ce que je voyois, & sa complaisance à me satisfaire ne me laissoit rien à desirer. J'écrivois tout avec beaucoup de soin, & j'espere que je vous ferai bien tôt part des lumiéres qu'il m'a communiqué.

Le départ du R. P. Laureaty rendit les Chinois à eux-mêmes, & leur antipathie pour nous éclata avec d'autant plus de violence, qu'elle avoit été longtems retenue. Un de nos Pilotes ayant surpris un Chinois qui mettoit la main dans sa poche à dessein de le voler, le repoussa un peu vivement, & voulut lui arracher un mouchoir qu'il lui avoit pris. Le Chinois appellant par ses cris toute la populace, fut bien-tôt secouru. Cette canaille ayant vû que notre Pilote étoit sans armes, & éloigné de notre maison, fondit sur lui, déchira ses habits, & l'accabla de coups.

Ce

Ce malheureux se voyant maltraité avec tant de fureur, se jetta dans la mer, croyant pouvoir se sauver à la nage, & gagner quelque bateau qui pût le conduire à bord du vaisseau ; mais les Chinois le poursuivirent avec tant d'opiniâtreté dans leurs bateaux, que les forces lui manquant, il en chercha dans son courage. Il revint à terre, & arrachant brusquement un bâton long & plat des mains d'un porteur d'eau, il s'en servit avec tant de vigueur, qu'il se fit jour au travers de cette multitude, & blessa l'auteur de la querelle. La blessure étoit legere; mais comme l'effusion du sang est un crime capital parmi ces peuples, ils n'eurent pas plûtôt vu couler celui de leur camarade, qu'ils prirent la fuite, & laisserent notre Pilote maître du champ de bataille.

Cependant il étoit dans un état pitoyable; les Chinois lui avoient coupé & déchiqueté les levres & les joues avec leurs ongles, armes dangereuses, & les seules dont ils se servent. Son corps étoit noir des coups qu'il avoit reçus. Notre interprete vint tout hors d'haleine nous avertir que cette affaire auroit infailliblement des suites fâcheuses, & qu'il étoit d'autant plus à propos de les préve nir, que le Chinois blessé étoit déja

déja allé se plaindre aux Mandarins, à qui sans doute il avoit fait un faux exposé de la querelle.

Cette circonstance nous allarma; nous savions que les Mandarins étoient gens à profiter des pretextes les plus legers pour se rendre les maîtres de nos biens. Nôtre vaisseau n'étoit plus en état de leur inspirer de la crainte: nous l'avions desarmé pour le carenner; ainsi nous étions à la merci des Marchands Chinois qui avoient reçu nôtre argent.

Nous assemblâmes nôtre petit Conseil, où il fut resolu que le Directeur du vaisseau & moi nous irions chez le *Song-ja* ou Lieutenant du *Titô*, porter nos plaintes, & demander justice. Nous fûmes suivis d'une foule effroyable de peuple, qui nous regardant comme des criminels qui allions subir un examen rigoureux devant les Juges, sentoit par avance un plaisir malin de la bastonade à laquelle il croyoit que nous serions condamnez.

Le *Caipbantin* ayant été averti de nôtre dessein, se rendit chez le *Song-ya* pour concerter avec lui les moyens d'éluder la Justice que nous venions lui demander. Nous attendîmes plus de deux heures le resultat de leur conference. On appella
par

par leur ordre le Chinois qui avoit été blessé; mais avant que de le presenter à leur Tribunal, les Gardes l'amenerent devant nous. Pour mieux exciter la compassion des spectateurs, il se faisoit porter par quatre hommes, comme si une legere blessure qu'il avoit à la tête, avoit aussi affoibli ses jambes.

De plus, par une malice assez ordinaire à ces peuples, il avoit déchiqueté sa tête avec des morceaux de porcelaine, de sorte que le sang couloit de tous les côtez de sa tête, & couvroit toute sa robbe, prétendant par là rendre sa playe plus apparente, & agraver le crime dont il accusoit notre Pilote.

Plusieurs bourreaux postez à la porte du vestibule le reçurent, & le conduisirent au milieu d'eux en jettant de grands cris. Il se prosterna devant les Mandarins, aussi-tôt la porte du vestibule fut refermée, & je ne pus voir ce qui se passa dans la suite. Une heure après nous fûmes appellez. Les Bourreaux (je leur donne ce nom, parce que c'est celui qu'ils ont dans ce pays, & à cause de leurs fonctions) les Bourreaux, dis-je, se preparoient à nous servir d'escorte: ils faisoient déja raisonner leurs voix lugubres, quand je demandai à nôtre Interprete ce que tout cela signifioit? il me répondit que l'usage étoit que les criminels comparussent de la sorte en presence des Mandarins. Alors nous refusâmes d'entrer, & nous fimes dire au *Caiphantin* que nous ne prétendions pas qu'on nous privât des privileges accordez aux étrangers: que nous ne venions pas pour être jugez, mais pour demander justice; que les Loix étoient faites pour les criminels, & non pour les innocens, &c.

Notre Interprete fit son rapport. Les Mandarins qui n'ignoroient pas la justice de notre cause, resolurent de nous rebuter par les obstacles qu'ils feroient naître. La délicatesse que nous venions de témoigner leur parut un moyen propre pour y réussir. Ils ordonnerent qu'on fit comparoître devant eux notre Pilote, formalité necessaire, dirent-ils, pour pouvoir rendre justice avec quelque connoissance de cause. Ils savoient deja que le Pilote, qui étoit moulu de coups, étoit hors d'état de paroître; mais nous continuâmes toûjours à demander audience, & nous les menaçâmes d'aller frapper sur le tambour du *Titô* s'ils nous la refusoient.

Deux heures se passerent dans ces dispuputes, surpris de notre opiniâtreté, ils nous firent dire que puisque nous voulions absolument avoir audience, ils supprimeroient les premieres conditions; que néanmoins nous paroîtrions devant eux de la même maniere que les Chinois avoient coûtume d'y paroître; c'est-à-dire que nous leur parlerions à genoux, &c. ajoûtant, pour adoucir leur compliment, que ce ne seroit point à eux que nous ferions cette soumission, mais au sceau de l'Empereur, qui étoit exposé en vûe.

Nous refusâmes encore ces conditions. Enfin pour abreger le recit d'une affaire dont le souvenir m'ennuye, & qui vous a déja dû ennuyer, les Mandarins se relâcherent sur cet article; nous convinmes seulement qu'on ne nous donneroit point de sieges, & que le Thé ne nous seroit presenté qu'après l'audience.

Nous trouvâmes les Mandarins au bout du vestibule. Ils étoient assis sous un dais de damas de la Chine gros bleu garni de crespine de soye blanche, ayant chacun une table devant eux. Le sceau de l'Empereur étoit sur une autre table au fond du vestibule.

Nous saluâmes les Mandarins à nôtre maniere, & nous leur demandâmes justice de l'insulte, & du mauvais traitement qu'on avoit fait à notre Pilote. Alors ils nous dirent d'un ton fort grave, qu'il étoit accusé d'avoir été dans une rue écartée à dessein d'y voir des femmes ; que c'étoit là la cause du desordre qui étoit arrivé ; que nous ne pouvions pas ignorer que ce crime étoit capital, & le plus grand que les étrangers pussent commettre dans cet Empire.

Nous avions réponse à tout hors à cette accusation, neanmoins nous n'eûmes pas beaucoup de peine à la détruire. Il étoit évident, & ils en étoient convaincus, que les Chinois n'avoient inventé cette calomnie que pour rendre leur cause meilleure. Quelle apparence en effet y avoit-il qu'il eût eu dessein d'aller chercher des femmes si loin de notre maison, sur tout dans un pays, où la conduite que les Chinois tenoient avec nous rendoit tout suspect de leur part. Néanmoins les Mandarins ne voulurent pas nous donner publiquement gain de cause. Voyant donc que nous n'aurions jamais raison de cette affaire, & que nous avions suffisamment fait connoître l'innocence de notre Pilote, nous priâmes les Mandarins de donner par tout de nouveaux or-

ordres, pour établir notre sûreté, parce qu'il étoit à craindre que l'impunité ne fût un attrait qui animât les peuples contre nous. Nous leur représentâmes que nous étions venus dans ce port en esprit de paix ; que si cependant malgré leurs ordres, & ceux de l'Empereur, on continuoit à nous insulter, comme on avoit fait ci-devant, nous n'étions pas gens à le souffrir, & qu'il étoit de leur interêt de n'en pas faire l'experience.

Les Mandarins nous promirent des merveilles ; cependant pour observer toutes les formalitez, ils envoyerent deux petits Mandarins pour examiner si notre Pilote étoit aussi dangereusement blessé que nous l'avions dit. Son mal ne leur parut que trop réel ; & en effet ce pauvre Pilote, qui est un jeune homme de 28. ans, portera éternellement les marques des ongles des Chinois.

Il faut témoigner autant de fermeté qu'il est possible, & ne pas souffrir que les Mandarins donnent atteinte aux privileges que l'Empereur accorde aux étrangers. Leur pouvoir étoit limité, & la moindre plainte peut les perdre. Il ne faut aussi rien omettre pour s'attirer le respect du peuple & comme il se prend aisément par les yeux, on lui impose par la magnificence des habits, je dirois aussi par un exterieur grave & composé, si les François étoient capables de l'avoir.

Le 4. d'Octobre nous resolûmes de mettre notre vaisseau en carenne: on demanda au Capitaine s'il étoit dans la resolution de le faire échouer pour le radouber. Il se recria fort sur cette proposition, & fit voir tous les inconveniens qui pourroient en arriver. Tous les Officiers qui connoissoient la foiblesse du même avis, & ne lui avoient fait cette question que pour savoir son sentiment; cependant si-tôt que le Capitaine vit que tout le monde pensoit comme lui, il cessa de penser comme les autres, & voulut huit jours après faire échouer son vaisseau, quoiqu'on lui representât en vain ce qu'il avoit representé lui-même huit jours auparavant. Le corps de ce vaisseau étoit foible, & il avoit été destiné pour faire la course, & non pas le commerce. On le fit échouer si malheureusement, qu'il resta plus d'une heure sur la pointe d'un rocher, & sitôt qu'on l'eut tiré à terre, son propre poids le fit ouvrir de tous côtez; en sorte qu'on fut obligé de le remettre promptement à la mer, & de pren-

prendre enfin le parti de le carenner sur un vaisseau Chinois.

Je ne puis m'empêcher de blâmer dans cette occasion la conduite du Capitaine: Si vous étiez homme de mer, Monsieur, je vous demanderois la raison du caprice & de l'entêtement qu'ont plusieurs Capitaines de vaisseau de ne vouloir presque jamais penser comme le reste de leurs Officiers, qui sont souvent plus pratiques & plus habiles qu'eux dans l'art de la navigation. Quoiqu'il en soit, notre vaisseau a reçu dans cette occasion un dommage, dont je crains beaucoup les suites.

Voilà, Monsieur, le détail de ce qui nous est arrivé jusqu'à present. Quant à notre commerce, je vous dirai que nous tenons une conduite dont nous serons infailliblement les duppes Nous avons envie de tout ce que nous voyons, & les Chinois savent bien mettre à profit toutes nos puerilitez. Je doute cependant qu'ils gagnent beaucoup avec nous ; car outre que nos emplettes principales sont déja faites, l'avidité des Chinois leur est aussi nuisible, que la nôtre est peu sensée. Si quelqu'un leur ordonne quelque petit ouvrage de fantaisie, persuadez que cette bagatelle doit avoir un grand debit, ils en font une si grande quantité, qu'ils ne nous presentent autre chose. Je fis faire ces jours passez une paire de boucles de nacre de perle, l'Ouvrier & les autres Chinois à son imitation, en firent aussi-tôt fabriquer plus de mille paires, qui leur resteront long-tems, car elles ne sont point en usage parmi les Chinois, & elles sont si fragiles qu'elles n'ont pû avoir l'approbation de nos Messieurs.

Je me suis retiré avec un de mes amis dans une petite Isle voisine nommée Colomsou. Je loge dans un Pagode, ou Temple du pays chez des Bonzes, qui ne m'étourdissent pas beaucoup à force de chanter les louanges de leur Idole. Je me plais infiniment dans cette solitude, & je m'y instruis avec soin des coûtumes du pays, pour pouvoir en discourir quelque jour avec vous. Mes Hôtes sont de bonnes gens, qui parlent un mauvais jargon Portugais; je suis convenu avec eux de certains signes, par le moyen desquels nous nous entendons aisément.

Adieu, Monsieur, priez le Seigneur qu'il nous accorde un prompt retour, & une heureuse navigation. Je suis, &c.

LETTRE HUITIE'ME.

A Emouy le 24. Octobre 1716.

Quoiqu'il ne foit pas aifé de s'inftruire des Loix & des coûtumes d'un pays dont on ignore la Langue, & qu'il n'appartienne veritablement qu'à ceux qui font établis dans l'Empire de la Chine depuis plufieurs années, de nous faire favoir quel en eft le gouvernement politique; neanmoins, Monfieur, j'ai deffein de vous faire part des remarques que j'ai fait en examinant les mœurs & les ufages des Chinois. J'ai eu un foin particulier de m'inftruire des moindres chofes: j'entretiens un commerce de Lettres avec plufieurs Miffionnaires; j'ai des converfations frequentes, tant avec les Lettrez Chinois, qu'avec les Bonfes les plus fuperftitieux, & ma folitude de *Colomfou* m'en fournit fans ceffe les occafions.

Quant à certaines coûtumes generales qui regnent par toute la Chine, je les décrirai telles que je les ai vû dans cette Province. En un mot, Monfieur, il ne vous fera pas difficile de juger si mon recit est conforme à l'idée que je suppose que vous vous êtes déja formé de ce pays, soit par la lecture des Auteurs qui ont traité fort au long cette matiere, soit par les Relations des autres Voyageurs.

C'est le foible de tous les Peuples de s'attribuer une origine ancienne, & il arrive presque toûjours qu'au défaut de l'histoire, ils ont recours à la fable. Entre plusieurs Auteurs Chinois qui ont écrit de l'origine du Monde, il y en a qui ont des opinions assez semblables à celles de quelques Philosophes anciens, comme Democrite & Epicure. Les uns croyent que le Monde est éternel; les autres qu'il s'est formé par hazard, & par l'assemblage fortuit des atômes. Le commerce que les Philosophes Chinois eurent autrefois avec les Philosophes Indiens & Persans, peut avoir donné lieu à l'introduction & au progrès de ce Systême dans l'Empire de la Chine, & il y a beaucoup d'apparence, comme je vous le ferai voir dans la suite, que le culte des Idoles, qui est aujourd'hui si commun à la Chine, y a aussi été apporté des Indes Orientales.

L'extravagance & la diversité de ces opinions empêchent qu'on ne sache précisecifément en quelle année du Monde commença ce fameux Empire. Nous ne favons que confufément que fon origine eft très-ancienne, & il eft prefqu'impoffible de démêler la verité de l'Hiftoire, parmi les fables dont les Ecrivains Chinois l'ont envelopée.

Quelques favans hommes, comme le P. Martini, ont prétendu éclaircir le Syftême des Chinois fur l'antiquité de leur origine, & l'accorder avec nos faintes Ecritures, fuivant la Traduction des Septante; mais ils ne nous ont donné là-deffus que leurs conjectures, & s'ils ont rectifié les Cycles Chinois, c'eft un Syftême de leur invention, qui leur appartient, & qui n'eft plus celui des Chinois.

Comment en effet pourroient-ils reduire à nos époques ce nombre prefqu'infini d'années que quelques Hiftoriens Chinois comptent depuis le commencement du monde? Cependant cette reduction meriteroit les foins de tous nos Miffionnaires. Ce Syftême des antiquitez Chinoifes eft d'une conféquence trop dangereufe, & nous avons vû de nos jours l'Auteur du Syftême des Préadamites s'en prévaloir. Ce nombre d'années fans nombre des Affyriens, & des autres Peuples O-rien-

rientaux, que Ciceron, tout Payen qu'il étoit, regardoit comme fabuleux, ne le paroît plus tant aux yeux des libertins, lorsqu'ils le concilient avec le nombre des années Chinoises. C'est une autorité de plus; elle est fausse, il est vrai, mais tout sert à ceux qui veulent être trompez.

Mais sans parler des fables qui sont répandues dans les livres Chinois, fables grossieres que les Chinois un peu sensez rejettent & desaprouvent, la partie de leur Histoire qui paroît la plus vraisemblable, & la moins fabuleuse raporte l'origine de l'Empire Chinois aux tems voisins du Déluge.

Selon la tradition la plus communément reçue, & selon la supputation des Chinois, un Prince nommé *Fohy* en jetta les fondemens trois mille ans avant la naissance de Jesus-Christ, & regna cent quinze ans. Ce qui est au-delà passe pour fabuleux, & on ne commence à voir clair dans les Annales Chinoises que depuis cette époque. Ce fut *Fohy* qui le premier poliça les peuples, & qui fit succeder à des mœurs sauvages & rustiques, des mœurs plus douces & plus conformes à l'humanité. On lui attribue l'invention des caracteres Chinois, l'établissement & les loix du mariage, & plusieurs autres usages qui tendoient tous à resserrer les nœuds de la Societé entre les peuples qui lui étoient soûmis.

Les Empereurs *Xin Nung* & *Hoangty* sont celebres parmi ses successeurs, tous deux recommandables, l'un par l'art Militaire, qu'il enseigna aux hommes: l'autre par l'Agriculture, dont il donna les premiers élemens.

On ne peut gueres douter que ces Empereurs n'ayent regné; mais il n'est pas si aisé de décider sur la durée, & sur le tems de leur regne, cette Chronologie ne s'accordant point encore avec la Chronologie Sacrée. Les fables dont l'histoire de ces siecles est remplie, empêchent qu'on ne puisse distinguer la verité du mensonge. En voici une preuve dans la naissance de *Fohy*. On raconte qu'il naquit d'une mere Vierge, laquelle ayant marché sur la trace d'un homme d'une grandeur démesurée, qui étoit imprimée sur le sable, se sentit grosse aussi tôt, & accoucha ensuite de Fohy. Cette fable n'est pas la seule, qui défigure le faste de cet Empereur.

On lit dans un Traité de Confucius intitulé *Hycu chuen*, qu'après la mort de

Fohy, l'Empereur *Xin Nung* inventa le soc de charue, & les autres instruments propres au labourage, & qu'il enseigna aux hommes l'usage des animaux comestibles, & des fruits de la Terre; qu'il institua le commerce & les marchez publics pour le soulagement des peuples.

Ses successeurs *Hoangty*, *Yao*, & *Xun*, ayant vû que les hommes commençoient à être moins materiels & sauvages, leur donnerent peu à peu des Loix plus parfaites & plus conformes à la Raison, selon que le tems & les circonstances le demandoient. Parmi ces nouveaux reglemens Confucius marque celui de se vêtir, afin que l'on pût connoître les differents états des hommes, que leur nudité avoit jusqu'alors confondus. Sous ces regnes, dit-il, les Chinois apprirent à filer la laine, & le coton, à faire des rames & des bâteaux, à naviguer sur les fleuves, à dompter les Taureaux, & à s'en servir pour porter les hommes & le bagage, à bâtir des maisons pour se mettre à couvert des injures du tems, & des insultes des voleurs & des bêtes feroces. Ils apprirent enfin à labourer la terre & à la rendre fertile par leur travail.

Autrefois, continue-t-il, c'est-à-dire
avant

avant le regne de Fohy, on enterroit les morts dans les campagnes sans aucune ceremonie. On ne leur dreſſoit point de tombeau, & les derniers devoirs ſe bornoient à entaſſer ſur leurs cadavres des monceaux de branches d'arbres ſans ordre & ſans regularité. Le tems du deuil n'étoit point limité, &c. Mais ſous ces Regnes on apprit à renfermer les morts dans des cercueils, & à leur rendre les devoirs que nous leur rendons encore aujourd'hui. Pour éterniſer la memoire de ces ſiécles, ils inventerent la maniere de les écrire dans des livres, auſquels on recouroit comme a des Archives infaillibles, quand l'occaſion & le beſoin des peuples le requeroit.

Dans un autre Traité intitulé *Ly yun*, Confucius parle à-peu-près dans les mêmes termes. Dans ces tems-là, dit-il, on commença à former les hommes, & ils apprirent à manger & à boire avec un peu de bienſeance. Car avant ces Empereurs, les peuples faiſoient cuire le ris ſur une pierre: ils déchiroient avec les mains la viande de Pourceau: ils faiſoient des trous dans la terre, pour y renfermer l'eau, & n'ayant point l'uſage des vaſes, ils ſe ſervoient de leurs mains pour boire.

Lorſ-

Lorsque quelqu'un mouroit, ils mettoient de la viande crue dans sa bouche, parce qu'ils ignoroient encore le secret de la cuire, & ce ne fut qu'au tems que je dis, qu'ils apprirent à offrir des sacrifices de viandes cuites, lorsqu'on portoit les cadavres en terre.

Les Rois des premiers siecles, continue Confucius, n'avoient point de palais. Lorsque les neiges & les frimats couvroient la terre, ils se retiroient dans des cavernes, ou dans des fosses souterraines, qu'ils creusoient eux-mêmes. Au printems ils montoient au sommet des montagnes, & s'y bâtissoient des cabannes de plusieurs troncs d'arbres entassez. Comme ils n'avoient point encore appris le secret de cuire les viandes, ils vivoient d'herbes & de fruits, ou bien ils mangeoient la chair crue des animaux, & en buvoient le sang. Au lieu d'étoffes de soye, dont ils ignoroient l'usage, ils couvroient leurs corps de plumes d'oiseaux, & de peaux d'animaux: mais depuis le regne de *Hoangty*, *Yao*, & *Xun*, on vit pour ainsi dire renaître un autre monde. Le Philosophe *Suy* enseigna à se servir du feu pour cuire les alimens, pour fondre les metaux; il bâtit des maisons commodes

des pour toutes les saisons. Il apprit aux peuples à faire des étoffes de soye, à ensevelir les morts, à sacrifier aux Esprits, & au Souverain Empereur, usages saints & respectables qui subsistent encore aujourd'hui parmi nous.

Telle est l'idée que Confucius donne des premiers siecles de cet Empire. Ce portrait ressemble beaucoup à celui que les Auteurs anciens Grecs, Latins & Arabes font des premiers habitans de la Terre.

On peut conclure de tout ce que je viens de rapporter, que quoiqu'il y ait eu des Philosophes Chinois qui ont crû que le Monde étoit éternel, il y en a eu d'autres qui lui ont donné un commencement; mais leur aveuglement ne leur a pas permis d'en connoître le Créateur, & la plûpart se sont follement imaginé qu'il avoit été produit par une matiere *préexistante*. Au reste, il faut avoüer de bonne foi qu'il est bien difficile d'éclaircir tous les Systêmes Chinois. Je vois qu'il y a plus de 60. ans qu'ils causent des disputes en Europe, & je ne vois pas qu'on soit mieux instruit aujourd'hui.

L'ancienne étendue de cet Empire étoit de 65. degrez, & comprenoit toutes les Terres situées entre la ligne équinoctiale,
&

& la mer du Nord. La Tartarie septentrionale en faisoit une partie. Du côté de l'Orient les Isles Philippines, Mindanao, Formose, les Moluques, les Isles du Japon lui étoient soumises. Du côté de l'Occident les Empereurs de la Chine étoient Souverains des Royaumes de Samarcande, de Thibet, de Laos, de Pegu, de la Cochinchine, de l'Isle d'Aynam, &c.

Comme il étoit impossible qu'une seule tête gouvernât tant d'Etats, l'Empire fut divisé en 114. Royaumes ou Provinces, dont les Princes furent tributaires de l'Empereur Chinois. La molesse & l'indolence de quelques Empereurs fournit peu-à-peu à tous ces petits Rois des moyens de se soustraire à leur obéissance : de là vinrent les guerres civiles, où l'on vit le plus foible triompher du plus fort, & un puissant Empire succomber sous le poids de sa propre grandeur.

Ce seroit perdre de vûe mon projet, que d'entrer dans le détail des anciennes révolutions de cet Empire. Je ne veux rien tenter qui soit au dessus de mes forces. Je vais seulement vous dire en peu de mots de quelle maniere les Tartares s'emparerent de la Chine vers le commenmencement du siecle passé.

L'Empereur *Gumchin*, le dernier de la race des Empereurs Chinois, avoit déclaré la guerre aux petits Tartares Orientaux qui lui refusoient le tribut ordinaire. Toutes les Troupes de l'Empire avoient marché à cette expedition, lorsque *Ly Rigonzu* fameux brigand vint à la tête de cent mille hommes mettre le Siege devant *Pekin*, Ville capitale de l'Empire. Il s'étoit déja rendu maître des Provinces voisines, & y avoit porté le fer & le feu, massacrant tous ceux qui s'opposoient au progrès de ses armes, & rendant son nom plus redoutable encore par ses cruautez que par ses victoires.

Il avoit pratiqué depuis long tems plusieurs intelligences secrettes dans la Ville de Pekin. Les Mandarins Chefs de la Justice & Gouverneurs de l'Etat avoient été ou corrompus par l'interêt, ou intimidez par la terreur de son nom. La Ville ouvrit ses portes; l'Usurpateur y entra triomphant, & il y fut proclamé Empereur par ceux de sa faction. L'Empereur trahi, abandonné, se donna la mort. Son fils aîné & ses plus intimes confidens n'oserent attendre l'arrivée du vainqueur, & se précipiterent dans un Lac. Tout obeiſſoit à *Ly Rigonzu*, mais ſon regne fut de peu de durée, & quoiqu'il eût mis à mort tous ceux qui pouvoient troubler ſa nouvelle domination, il ne put éviter ſa deſtinée.

Uzam Quei General Chinois qui commandoit l'Armée que *Gumchin* avoit envoyé contre les Tartares, ayant appris cette fatale révolution, réſolut d'en punir l'auteur, & de vanger la mort de ſon pere, que le Tyran avoit enveloppé dans le maſſacre général. Il fit la paix avec les Tartares, & ayant contracté une alliance étroite avec eux, il ſe flatta de pouvoir parvenir à l'Empire. L'ambition & l'amour de la vengeance ſont deux paſſions aveugles. *Uzamquei* ne conſidera pas qu'en ſe faiſant de ſi redoutables alliez, il ſe donnoit des maîtres.

L'Uſurpateur n'oſa ſe preſenter devant deux Armées ſi nombreuſes. Ses Troupes n'étoient compoſées que de bandis, dont le pillage de Pekin avoit ſatisfait l'avidité. Il voulut prendre la fuite, mais le peuple attentif à ſes démarches le ſurprit & le livra aux Tartares. Ainſi *Ly Rigonzu* ne laiſſa d'autres marques de ſa domination, que les cruautez inoüies qu'il avoit exercé contre les Chinois.

Les

Les Tartares ayant vû combien il seroit facile de vaincre un peuple lâche, timide, sans experience dans l'art militaire, voulurent profiter seuls de leur victoire. Le General Tartare mit son neveu sur le Thrône, & le peuple toûjours avide de nouveauté, & d'ailleurs rebuté des guerres civiles, le reconnut pour son Prince legitime, à condition que les Tartares acheveroient de purger le pays des Troupes de Ly Rigonzu, qui faisoient encore quelques ravages dans les Provinces voisines.

L'Empire fut paisible à la reserve des Provinces de *Kiamsi*, de *Fokien* & de *Canton*, où quelques parens du dernier Empereur se declarerent contre le nouveau Gouvernement. Mais ces troubles s'appaiserent, & la faction des mecontens ne tarda pas à être dissipée.

Le nouvel Empereur ne voulut point apporter de changement notable dans les Loix Chinoises, & il laissa aux peuples les usages qui ne choquoient point directement sa politique. Ce peuple mol & efféminé se lassa bien-tôt d'une domination étrangere, mais il n'osa jamais former aucune entreprise pour en secouer le joug. Cependant si on considere la puis-

puissance des uns, la foiblesse & le petit nombre des autres, on s'étonnera que les Tartares ayent pû affermir leur Empire, & que les Chinois n'ayent fait aucuns efforts pour le renverser. J'attribue cette nonchalance au mépris qu'ils font des armes, dont ils ne connoissent presque plus aujourd'hui l'usage. Les Loix de l'Empire décernent des punitions rigoureuses à ceux qui en gardent dans leurs maisons, ou qui veulent en porter en public. Par-là on a ôté aux mécontens tous les moyens d'exciter quelques troubles dans l'Etat.

La Loi qui mortifia le plus les Chinois, fut celle de couper leurs cheveux à la maniere Tartare. Ils en étoient si idolâtres, que plusieurs aimerent mieux se donner la mort que de survivre à la perte d'un ornement qui faisoit leurs plus cheres délices. Ils font aujorud'hui tondus, & n'ont qu'un cordonnet de cheveux au dessus de la tête, qu'ils nomment *Piengzé*. Cette politique empêche qu'ils ne s'apperçoivent du petit nombre des Tartares.

L'Empire de la Chine est aujourd'hui divisé en quinze Provinces, *Pekin, Scianfi, Xantung, Xemfi, Honan, Nankit, Che-*

Chekiang, *Fokien*, *Chianfi*, *Canton*, *Huquam*, *Coanfi*, *Quicheu*, *Sufcuen*, *Yunnam*; il est borné à l'occident par un Fleuve nommé *Hivan*, dont le lit est très-profond; au septentrion, par une muraille qui a trois cens lieues ou plus de longueur, & qui sepere la Chine de la Tartarie. Ses bornes à l'orient & au midy sont l'Ocean.

La situation de la Province de Fokien, qui est celle où je me trouve maintenant, est très-commode pour la navigation & pour le commerce. On y trouve les matériaux necessaires pour la construction des vaisseaux. Son terrain est arrosé de plusieurs rivieres, & coupé par de petites montagnes. On admire par tout le travail assidu des Chinois. Cette terre montagneuse qui paroît ingrate, devient fertile par leur industrie, & produit abondamment les choses necessaires à la vie.

Les peuples de la Chine sont presque les seuls qui sortent de la Chine, & qui naviguent dans les mers du Japon. Leurs vaisseaux vont aux Isles Philippines, d'où ils rapportent des sommes considerables d'argent. Rien ne prouve mieux la mauvaise politique du Conseil d'Espagne, qui prive le Royaume de ses plus beaux revenus,

venus, en permettant aux Chinois le commerce de ces Isles. La Hourque d'Acapulco, dont je vous ai déja parlé, vient tous les ans de la nouvelle Espagne aux Philippines, & y apporte des millions de piastres pour acheter les marchandises Chinoises, & il est incroiable combien il entre d'argent à la Chine par ce commerce.

Les Hollandois plus prudens que les Espagnols, payent les marchandises de la Chine en denrées équivalentes, c'est-à-dire, en épiceries qu'ils tirent des Isles Moluques, en draps d'Hollande, &c. ils ne souffrent point que l'argent sorte de Batavia, si ce n'est pour être transporté en Europe.

Ceux de Fokien font aussi des voyages à *Hainam*, à *Siam*, à *Camboya*, à la *Cochinchine*, à *Batavia*, à *Achem*, à *Malaya*, & ailleurs.

Cette Province est la moins considerable de l'Empire, quant à l'étendue, mais elle est très-riche & très-peuplée. Elle confine aux Provinces de Canton, de Kiamsi & de Chekiang. Son climat est fort chaud & fort froid selon la saison, mais l'air y est très-pur. Sa Ville capitale est Focheu que ses Temples rendent fameuse. Les Peres Jesuites y ont une Eglise déservie par le R. P. Laureaty. Ses autres Villes principales sont *Civencheu*, *Changcheu* Villes situées sur la riviere de *Chang*. Les Missionnaires de l'Ordre de S. François y ont une Eglise déservie par un Pere Espagnol nommé Fray Francisco Magino y Ventallol, Visiteur Apostolique. *Kienning*, *Hienping*, *Tingcheu*, *Hiengoa*, *Xaovv*, *Foning*, *Hiamuen* ou *Emouy*, sont les Villes ou Châteaux les plus considerables de cette Province.

Emouy n'a pas le titre de Ville, mais c'est un Château considerable, soit par le nombre de ses habitans, soit par la residence du Titò qui commande à plus de vingt mille hommes, & qui va de pair avec les premiers Mandarins de la Province. Il est situé dans une Isle peu éloignée du Continent, à l'embouchure de la riviere de *Chang*. Cette Isle a dix-huit lieues de circuit, & est à 24 degrez 10 minutes de latitude septentrionale.

Le Port d'Emouy est fort vaste, & peut contenir plus de mille vaisseaux. Je ne suis que médiocrement surpris d'un fait qu'on m'a rapporté ici ; savoir, que les habitans de cette Province proposerent autrefois à un de leurs Princes de faire un

Tom. I. L

pont de vaisseaux depuis Emouy jusqu'au Japon; car si tous les autres Ports en peuvent fournir autant, je trouve l'entreprise possible, pourvû que la mer la permette.

Lorsque j'entrai dans ce Port, je crus voir une Forêt flottante. En effet, il est rare qu'on puisse voir tant de barques & de vaisseaux rassemblez. Cependant ces peuples n'ont qu'une connoissance fort imparfaite de la boussole & de la navigation. Leurs Pilotes ne quittent jamais la terre de vûe dans leurs voyages, & la situation des montagnes leur sert à connoître le lieu où ils se trouvent, ce qui n'est à proprement parler qu'un cabotage continuel.

Il y a des Auteurs qui prétendent que les Chinois ont eu long temps avant nous l'usage de la boussole; qu'ils ont autrefois navigué jusques dans le Golphe Persique, & qu'ils ont même établi des Colonies, dont on voit encore des restes dans le pays de Malaga, & en d'autres Isles. Les Portuguais, peut-être étonnez de quelque ressemblance qu'il y a entre les Caffres & les Chinois, nous ont donné à entendre dans leurs Relations que les vaisseaux Chinois étoient venus autrefois jusqu'au qu'au Cap de Bonne Espérance, & qu'ils relâcherent à l'Isle de S. Laurent en Madagascar.

Mais sans vouloir décider absolument la question, je vous avouerai qu'il me semble assez étrange que les Chinois ayent eu la connoissance de la boussole depuis plus de huit cens ans, & qu'ils en ayent aujourd'hui une idée si imparfaite. Nous ne voions point qu'ils ayent conservé les Cartes marines de ces navigations. J'ajoûterai encore que leurs vaisseaux sont construits de maniere qu'il est bien difficile qu'ils puissent resister aux mers orageuses, que l'on trouve au-delà des Détroits de la Sonde & de Malacca.

Supposons la réalité de ces longues navigations. Il ne s'ensuit pas évidemment que les Chinois ayent eu la connoissance de la boussole. Si leurs vaisseaux ont navigué au delà du Détroit de la Sonde, ils peuvent n'avoir jamais perdu la terre de vûe. Il est certain premierement, que des vaisseaux plats, comme sont toutes les Jonques Chinoises, peuvent naviguer terre à terre bien plus facilement que les nôtres. Secondement, je suppose que ces vaisseaux partissent des Provinces de Canton & de Fokien, ils pouvoient non seulement conserver la vûe de la terre jusqu'au détroit de la Sonde, mais encore jetter l'ancre tous les soirs (comme la prudence veut qu'on le pratique) puisque depuis la Chine jusqu'à l'Isle de Java il y a fondé par tout depuis cinq jusqu'à cinquante brasses d'eau. Depuis le Détroit de la Sonde jusqu'à l'Isle de *Ceylan*, ils pouvoient encore ne point perdre la terre de vûe, & la côtoyer depuis Ceylan jusqu'au Golphe Persique. Je conviens que cette navigation est longue, mais elle n'est pas impossible, sur tout à des gens qui devoient regarder comme le *non plus ultrà* du monde, le Cap de bonne Esperance & les Isles adjacentes. Ces voyages que notre experience nous fait regarder comme une simple promenade, étoient pour eux le voyage des Antipodes, & ils mesuroient la longueur du temps avec l'idée qu'ils avoient de celle du voyage.

Je demandai il y a quelque-temps à un Pilote Chinois qui a fait plusieurs voyages aux Philippines, comme il dirigeoit la route. Je vais, me dit-il, chercher l'Isle Formose, & j'en ai connoissance avant même que d'avoir entierement perdu de vûe nos montagnes. Si la mer est trop agitée, je louvoye toute la nuit, &

si

si elle est calme, je reste à l'ancre. Au point du jour je fais voile, & quand je découvre les Isles Philippines ou les Isles Baboyanes, je vois encore les Isles qui sont entre Formose & ces dernieres. Si le brouillard me derobe la vûe de la terre, j'amene mes voiles, & il n'y a qu'un vent furieux qui puisse me mettre en peine. Cette navigation, comme vous voyez, n'est pas trop sûre.

Je reviens à mon principe, si les Chinois ont eu depuis tant d'années la connoissance de la boussole, pourquoi ne l'ont-ils plus? Sur tout maintenant que leur commerce avec les Europeans auroit pû perfectionner les idées anciennes qu'on suppose qu'ils en ont eu.

La construction des Vaisseaux Chinois est tout à fait differente de la nôtre. Ils sont plats & quarrez par la proüe comme par la poupe. Les voiles sont faites de roseaux tissus en forme de nattes, & sont très-pesantes. Ils ont deux mats comme nos Barques, d'un bois dur, épais & unis. Ces Vaisseaux ne perissent pas si aisément que les nôtres par les voyes d'eau, à cause de la maniere dont le fond de calle est construit. Il est partagé en plusieurs chambres quarrées dont les cloisons sont
unies

unies sans cloux, & enduites d'un mastic très-fort, ensorte que l'eau ne peut pénétrer d'une chambre à l'autre, au cas qu'il survienne une voye d'eau. Si cette iuvention a son utilité, elle a aussi ses inconveniens, car elle lie trop le Vaisseau; il y a moins d'espace pour mettre les marchandises, & on ne peut faire d'arrimage.

La Ville d'Emoüy ressemble à une Republique de fourmis ou à un essain d'abeilles. On y voit un mouvement continuel. Elle a six mille de circuit. Les maisons sont basses & n'ont rien qui approche de l'architecture des nôtres. Les Palais des Mandarins sont commodes & propres, mais on n'y voit ni belles peintures, ni riches tapisseries, ce luxe n'étant pas connu à la Chine. La magnificence des Palais & des maisons particulieres consiste dans les colonnes de bois qui en soûtiennent le toît, plus elles sont hautes & grosses, plus la maison est distinguée. Il y a ordinairement dans chaque maison une porte appellée Mandarine, par où les Mandarins seuls ont le privilege d'entrer. Aux deux côtez de cette porte il y a deux passages par où les gens ordinaires entrent. Ces trois portes sont pratiquées dans une grande cloison de bois

qui

qui partage la cour de chaque maison en deux parties égales. La premiere forme une avant-cour ; la seconde forme une seconde cour au bout de laquelle il y a un vestibule où les Chinois se tiennent ordinairement. De ce vestibule, on entre de côté & d'autre dans les chambres de la maison. Mais je vous parlerai une autre fois de l'Architecture Chinoise.

Il y a deux Provinces royales dans cet Empire, celle de Pekin, que je crois être le Cataï dont parle Marco Paolo celebre Voyageur Vénitien, & celle de Nankin. La premiere située au Septentrion; la seconde, au midi. Les deux Villes qui portent le nom, & qui sont les Capitales de ces Provinces, sont les plus grandes du Royaume, & l'Empereur fait sa résidence la plus ordinaire à Pekin.

Dans chaque Province de la Chine, outre la Ville Capitale ou Métropolitaine, il y a plusieurs autres Villes qui sont divisées en trois ordres, *Fu, Cheu, Hien,* premier, second & troisiéme ordre. Toutes les Villes du troisiéme ordre, *Hien,* relevent de celles du premier & second ordre, & celles-ci ressortissent de la Métropole, qui est la premiere entre les Villes du premier ordre.

Tous

Tous les peuples dépendent immediatement de quelque *Hien* & on pourroit dire dans un sens que toutes les Villes de la Chine sont des *Hien*, parce que les Villes du premier ordre renferment dans leur enceinte un ou deux *Hien*, & quelquefois même davantage. La Métropole de la Province de Fokien est divisée en deux *Hien*, savoir, *Min hien*, & *Heu Kuan Hien*.

Dans chaque *Hien*, il y a un Gouverneur nommé *Chi Hien*, & un Tribunal appellé *Hien Hiò*, en sorte que les Villes du premier & du troisiéme ordre ne different qu'en ce que celles-là ont des Tribunaux & des Mandarins superieurs qui étendent leur Jurisdiction sur tous les *Hien* de leur district. De même, les Métropoles sont superieures aux Villes du premier ordre en ce qu'elles ont des Tribunaux & des Magistrats qui connoissent generalement de toutes les affaires de la Province. Cette division servira à vous faire mieux comprendre ce que j'ai à vous dire dans la suite.

Il y a cent cinquante Villes du premier ordre, *Fù*, lesquelles commandent à plusieurs Bourgs, Villages & Châteaux. On compte ensuite 247 Villes du second Ordre,

dre, *Cheu*, & 1152 Villes du troisiéme ordre, *Hien*. Le nombre de ceux qui payent le tribut, ou (pour me servir de notre terme) qui sont sujets à la capitation, est de 58. millions d'hommes ou environ, selon les derniers calculs. Les femmes, les enfans, les Magistrats, la plûpart des Lettrez, les Soldats, ne sont point compris dans ce nombre.

Je viens maintenant aux Magistrats ou Mandarins qui gouvernent ces Isles. Premierement, ils sont ou politiques ou militaires. Je vous parlerai d'abord des premiers, comme étant les dépositaires & les protecteurs des Loix de cet Empire. Secondement, les uns & les autres ne peuvent parvenir aux grands emplois, qu'après une étude de plusieurs années, & après avoir subi les examens dont je vais vous parler.

Les Chinois, à l'imitation des autres Nations qui s'appliquent aux Lettres, distinguent leurs Lettrez *Toxù* en deux classes, ceux qui ont déja pris les degrez, & ceux qui y aspirent, appellez *Tung seng*. Les premiers ont des titres qui répondent à nos degrez de Bachelier, *Sieuchay*, de Licentié; *Kiù in*, & de Docteur, *Chin cù*.

Mais

Mais pour mieux vous faire comprendre en quoy consistent leurs études, il est necessaire que je vous dise auparavant quelque chose des Lettres & des caracteres Chinois.

Il paroît que l'usage des caracteres & des lettres est fort ancien parmi ces peuples, & leurs Historiens en attribuent l'invention à l'Empereur Fohy, comme je l'ai déja remarqué ; mais le nombre n'en étoit pas si grand alors, & ils n'étoient point dans le degré de perfection où ils sont aujourd'hui.

Les uns sont simples, les autres composez de deux ou de plusieurs lettres simples.

La plûpart des caracteres composez sont ou Hieroglyphiques, ou ont quelque chose de hieroglyphique. Car il arrive très-souvent que les Chinois ajoûtent à la plus grande lettre (qui est comme le corps du caractere, & qui n'a souvent aucun rapport à la chose qu'ils veulent signifier) une autre petite lettre qui détermine le sens du caractere. Par ex. à la lettre majuscule d'un caractere qui signifiera les passions de l'ame, ils ajoûteront cette lettre *sincœur*, parce que le cœur est regardé comme le siége des passions.

Ces

Ces sortes de caracteres ne sont point tout à fait hieroglyphiques. ils ont seulement quelque chose d'hieroglyphique.

Lorsqu'au contraire les deux lettres ou mots dont le caractere est composé, ont une relation directe à la chose signifiée, ils sont alors parfaitement hieroglyphiques. Ainsi pour exprimer par ex. la docilité d'un homme, le caractere est composé de deux lettres ou mots, dont l'un signifie un homme, l'autre un chien, qui est le symbole de la docilité & de l'obéissance. Or ces deux lettres étant significatives & relatives au même sujet, elles forment un hieroglyphe parfait.

Néanmoins parmi ce grand nombre de caracteres, nos Missionnaires avouent qu'il y en a beaucoup dont les lettres n'ont qu'un rapport très-éloigné au sujet, ce qui les rend obscurs, & souvent inintelligibles. Il n'y a qu'à citer pour exemple le dernier hieroglyphe que je viens de rapporter. Ces deux lettres, *homme* & *chien*, par lesquelles on prétend signifier la docilité, peuvent avoir plusieurs autres significations prises de la nature même du chien: au lieu d'un homme docile, ce hieroglyphe ne peut-il pas signifier encore un homme fidele ou glouton, ou hargneux?

Quoique le nombre de ces caracteres soit presque infini, les Chinois n'ont néanmoins pas plus de 365 lettres; chaque lettres a cinq inflexions differentes qui font marquées dans leurs Dictionnaires, de la même maniere que nous marquons dans les nôtres les syllabes longues ou breves. Ces inflexions multiplient les 365 lettres, & en font pour ainsi dire 1825. en sorte que quoique le nombre des lettres ne se puisse comparer à celui des caracteres, les Chinois font de telles combinaisons, qu'il n'y a presqu'aucune parole qui n'ait son nom & son hieroglyphe particulier : & c'est en cela précisément que consiste toute la difficulté de la Langue Chinoise.

Le temps qu'on employe aux Etudes n'est pas fixé. On se presente à l'examen de Bachelier quand on se sent assez de capacité pour faire une composition, *Vuenchang*, sur quelque sentence, *Tymô*, que propose celui qui preside à l'examen.

Tous les examens se font par écrit, & on n'a point à la Chine cet usage (j'ai pensé dire ridicule) que nous conservons si cherement en Europe, de disputer les

les uns contre les autres.

Il n'y a point à la Chine d'Ecole qui soit absolument publique. Ceux qui sont assez riches pour pouvoir entretenir un maître, le gardent dans leurs maisons. Les autres qui sont moins favorisez de la fortune, se joignent au nombre de dix ou 12. & en prennent un dont ils écoutent les leçons dans un lieu dont ils conviennent avec lui. Outre quelqu'argent que ces disciples lui donnent, ils le nourrissent à frais communs ou tour à tour.

Un maître ne peut pas avoir un grand nombre d'écoliers, à cause de la quantité & de la difficulté des caractères Chinois. Ceux qui étudient seulement pour apprendre les lettres, sans prétendre aux degrez, peuvent exceder le nombre de vingt. Mais ceux qui aspirent aux grands emplois ne sont pas plus de huit ou dix sous un même maître. Ils commencent par l'étude de certains livres où se trouvent les hieroglyphes les plus communs, & ils passent assez vîte aux *cuxu*, qui sont quatre livres appellez simplement les quatre livres. Ils s'appliquent ensuite à l'écriture, & on leur fait faire de petites compositions, *poty*, c'est-à dire essais.

Il est encore necessaire pour l'intelligence de ce qui suit, que je vous donne une idée des livres classiques que les Lettrez sont obligez d'étudier, pour pouvoir parvenir aux degrez.

Il semble que le Démon pour établir son culte parmi les Idolâtres, ait voulu imiter celui que nous rendons au Créateur de l'Univers, & que comme nous avons des livres saints qui sont nos oracles, il ait aussi prétendu perpetuer l'Athéïsme & l'Idolatrie par une tradition écrite & considerée comme sainte par les peuples malheureux qu'il séduit.

Tels sont les cinq Livres classiques *Uking*, que les Chinois regardent comme leurs Saintes Ecritures, & qu'ils ne respectent pas moins que nous respectons nos Livres sacrez; *quibus sine*, dit le P. Martini, *vix minorem reverentiam præstant, quam nos sacræ Scripturæ, nisi etiam forte majorem*. Ils appellent ces livres *King*, c'est à-dire, livres d'une doctrine constante & immuable, & ils prétendent qu'en effet la doctrine qu'ils contiennent n'a jamais varié.

Le premier de ces cinq livres s'appelle *Yeking*, livre des variations.

Le second *Xuking* est historique, & con-

contient l'histoire des deux anciens Empereurs *Yao* & *Xun*, successeurs de *Fohy*, & des trois premieres races qui ont regné à la Chine. Ce livre a été composé par differens Auteurs, & n'est à proprement parler qu'un Recueil historique.

Le troisiéme *Xy King*, (qu'on appelle aussi quelquefois le second livre,) est un recueil de Vers & d'Odes composées à la louange des anciens Philosophes & des Heros célèbres dans les siecles passez. L'usage étoit autrefois, & il subsiste encore, de faire des Vers & des Chansons en honneur des Empereurs, lorsqu'ils montoient sur le throne. Toutes ces Poésies étoient exactement recueillies, & le peuple aimoit à les chanter. Mais ce même peuple ayant glissé dans ces Recueils des Pieces apocryphes, mal composées, & d'une doctrine dangereuse. Confucius en fit la critique & rejetta tout ce qui n'étoit point authentique. Les Chinois font beaucoup de cas de ce Livre, & leurs Docteurs en recommandent particulierement la lecture.

Le quatriéme *Sivy*, est le Livre des Rits. Il traite des cérémonies qu'on doit observer dans les sacrifices qu'on fait au Ciel, à la Terre, aux Esprits, aux Ancêtres,

cêtres, dans les mariages, dans les funerailles, &c. J'aurai souvent occasion de vous parler de ce Livre.

Le cinquiéme *Chaucheu*, est intitulé le Printems & l'Automne. Les Philosophes Chinois donnent souvent des titres semblables à leurs ouvrages.

Outre ces cinq livres, il y en a quatre autres, qu'on appelle simplement *les quatre livres*, *Cuxu*, qui ne sont pas moins considerez, & qui font partie des Livres classiques. On appelle les trois premiers, *Livres de Confucius*, parce qu'ils contiennent un Recueil de plusieurs Sentences de ce Philosophe, qui ont été redigées par son petit-fils & par ses disciples. Le quatriéme est du Philosophe Mencius ou Muntius, (en Chinois *Mungchu*) qui vivoit cent ans après Confucius. Ce livre renferme les Conferences qu'il eut avec les plus habiles gens de son temps.

Ces quatre derniers Livres & les cinq premiers sont compris sous un même nom *Louing*, *livres éternels*, & sont le fondement de la doctrine des Lettrez Chinois. Je reviens à mon sujet.

Il y a de deux sortes d'examens: les uns qu'il faut absolument subir pour parvenir aux degrez ou pour les conserver:

les

les autres qui ne servent que d'exercice.

Les Gouverneurs des grandes & petites Villes, les Vicerois & autres Mandarins font de temps en temps ces examens appellez *Kuon fung*, comme qui diroit, *voir en matiere de litterature*. Ils convoquent une assemblée d'Etudians ou de Bacheliers, & leur proposent des Sentences tirées des Livres classiques pour sujet de leurs compositions. Ils les examinent & font ensuite afficher par ordre les noms de ceux qui les ont fait selon le degré de bonté de l'ouvrage. C'est un honneur que d'être mis dans les premiers rangs.

Les Etudians ne peuvent aux premiers examens se faire examiner que dans leur *Hien*, c'est-à-dire dans la Ville du troisiéme ordre à laquelle ils sont attachés, à moins que par une faveur speciale ils n'obtiennent du Viceroi la permission d'être examinez dans un autre *Hien* où il y a moins d'Etudians & de prétendans que dans le leur. C'est ce que les Mandarins obtiennent aisément pour leurs enfans.

Cette Loi generale a encore quelques exceptions. Quand un homme veut acheter un degré de Bachelier, (car à la Chine ne l'argent fait faire auſſi des Docteurs) & lorſqu'il eſt d'un *Hien* où il y a pluſieurs autres habiles Ecoliers, le *Tyhiotao*, c'eſt à-dire le Mandarin chef des examens le fait examiner dans un autre *Hien* où il y a moins d'Etudians, & où il eſt plus facile d'obtenir le degré ; & en ce cas il eſt pour toûjours attaché au *Hien* dans lequel il a été reçû Bachelier.

Cette tranſlation d'un *Hien* à un autre, eſt une violence à laquelle les perſonnes intereſſées s'oppoſent autant qu'elles peuvent. Celui qui vient ſe faire examiner dans un *Hien* qui n'eſt pas le ſien, ne s'y preſente pas ſans recevoir de la part des autres Etudians quelques coups de poings & d'ongles, les ſeules armes dont les Chinois ſavent ſe battre. Leur reſiſtance vient de ce que dans chaque Ville le nombre eſt reglé de ceux qui à chaque examen doivent être promûs au degré de Bachelier ; ſavoir, 15. dans les plus grandes Villes, 12. ou 8. dans les autres ; ainſi le nouveau venu fait tort à ceux qui aſpirent à être du nombre qui eſt déterminé pour le *Hien* auquel ils ſont attachés par la naiſſance.

Il y a quelques Villes qui ont entr'elles une eſpece d'aſſociation, & ceux qui en font se font examiner indifféremment dans toutes ces Villes associées : cela se fait de concert, & le droit est réciproque.

La coûtume est encore que chaque aspirant ait un Bachelier qui en qualité de caution déclare dans les examens qu'il est du *Hien* où se fait l'examen ; qu'il est fils d'honnêtes gens, & qu'il n'est en deuil ni de pere ni de mere, car dans ce dernier cas il ne peut être admis à l'examen.

Pour parvenir au dégré de Bachelier, il faut subir trois examens. Le premier, où communément tous ceux qui se présentent sont admis, se fait par le *Chy Hien*, (Gouverneur d'une Ville du troisiéme ordre) lequel donne les sujets des compositions, & les examine. Il choisit un fort grand nombre de ceux qui ont subi ce premier examen, & envoye leurs noms au *Chifù* (Gouverneur de la Ville du premier ordre) celui-ci les fait passer par un second examen, & choisit les plus habiles pour le troisiéme examen, lequel se fait par un grand Mandarin député pour chaque Province, appellé *Ty hiò tao*.

Ces trois examens se font en trois ans. Le premier, dans le *Hien* même ; les autres dans le *Fù* ou Ville du premier ordre.

dre. Le *Ty hiò taò* parcourt deux fois en trois ans toutes les Villes du premier ordre de la Province. Il envoye quelques jours auparavant ses ordres au *Chifu*, Gouverneur de la Ville qu'il veut visiter, & celui-ci les intime dans tous les *Hien* de sa dépendance. C'est après avoir reçû ces ordres, que le *Chifu* & les *Chihien* procedent aux deux examens préparatoires dont je viens de parler.

Le dernier examen qui est celui où préside le *Ty hiò taò*, commence entre trois & quatre heures du matin. On lit d'abord le Catalogue de ceux qui sont admis à l'examen en presence de plusieurs Mandarins subalternes, qui en qualité de Magistrats des grandes & petites Villes, reconnoissent ceux de leur Jurisdiction qui doivent être examinez, afin qu'il n'y ait point de fraude. On propose ensuite les sujets des compositions tirez des livres classiques.

Les Etudians sont tous dans la grande salle du Palais du *Ty hiò taò*, ou s'ils sont en trop grand nombre, ils s'assemblent dans un lieu plus commode que choisit le même Mandarin. Sitôt qu'ils y sont renfermez, ils n'en peuvent plus sortir, ni avoir de conversation entr'eux jusqu'à

ce

ce que leurs compositions soient achevées. Ils sont gardez par des Mandarins subalternes &, par des Soldats Tartares qui les examinent en entrant, & qui empêchent qu'ils n'introduisent secretement quelque livre dont ils puissent se servir pour leur composition.

Si le grand nombre des Candidats empêche qu'on ne les puisse tous examiner dans un jour; l'examen se fait à plusieurs jours differens, & à chaque fois le *Ty hið tað* examine le *Hien* que bon lui semble.

Lorsque tous les Etudians ont fini leurs compositions, le *Ty hið tað* les lit & les donne à examiner à des serviteurs lettrez qu'il tient exprès à ses gages. Il choisit ensuite ceux qui ont le mieux réussi selon le nombre déterminé pour chaque *Hien*. Il a encore le droit d'en choisir vingt autres surnumeraires de differens *Hien*, & de les attacher au *Fù hið* ou Académie de la Ville du premier ordre.

J'ai dit ci-dessus qu'il n'y avoit point d'École publique à la Chine où l'on pût aller étudier, comme on fait en Europe; néanmoins dans chaque Ville grande ou petite, il y a des especes d'Académies où l'on s'exerce aux Belles Lettres, & il y a un ou deux Mandarins Licentiez qui

en

en sont comme les Directeurs. C'est dans ces Académies qu'est le Temple de Confucius. Chaque Bachelier a une relation absolue, & est attaché à l'Académie ou College de son *Hien* ou à celle de la Ville du premier ordre, *Fù*, de laquelle son *Hien* releve.

Le Mandarin examinateur envoye les meilleures compositions & les noms de ceux qui les ont fait, au Gouverneur de la Ville du premier ordre, & celui-ci fait écrire tous ces noms. Le *Ty hiò taò* appose ensuite son sceau à chaque nom en particulier, & les fait afficher au jour marqué dans la grande salle de l'Académie, *Fu hiò*, appellée *Ming lun tang*, *salle de litterature*. C'est en vertu de cette publication, que les *Tung seng* ou Etudians sont declarez *Sieuchay*, ou Bacheliers.

Chacun a son rang dans la liste selon la bonté de sa composition, ce qu'ils appellent *Tèming* & *Ulming*, le premier & le second nom. Le premier de chaque College s'appelle *Ganxeu*, c'est-à-dire le premier du Catalogue, titre qui le rend recommandable par tout l'Empire.

Le même jour les nouveaux Bacheliers vont rendre visite au Gouverneur de la Ville du premier ordre avec l'habit de Ba-

Bachelier. Ils lui font les reverences & les genuflexions ordinaires. Le Gouverneur attache à leurs bonnets de certaines fleurs, & les felicite fur le degré qu'ils ont acquis. Cette ceremonie s'appelle *Chaoboa* : ils vont enfuite au Temple de Confucius, & font devant fon image le nombre de reverences & de genuflexions, qui eft prefcrit par le Livre *des Rits*.

Ceux qui ne font pas leur fejour dans la Ville du premier ordre, où ils ont été examinez & reçûs Bacheliers, s'en retournent dans leur *Hien* où leurs amis & leurs parens les reçoivent au fon des fluttes & d'autres inftruments, avec des témoignages d'une extrême allegreffe. Ils font obligez fi-tôt qu'ils font arrivez de rendre vifite au Gouverneur & aux autres Mandarins de leur *Hien*, & d'aller dans le Temple de Confucius rendre grace à ce Philofophe de les avoir fi bien infpirez.

Tous les Bacheliers, exceptez ceux qui font émerites, font obligez pour conferver leur degré de fubir tous les trois ans un nouvel examen femblable en toutes fes circonftances à celui qu'ils ont fubi lorfqu'ils n'étoient que Candidats.

Remarquez, Monfieur, que pour être
Ba-

Bachelier on n'est pas obligé d'étudier les cinq premiers Livres classiques dont je vous ai parlé, & qu'il suffit d'étudier les *Cuxu*, à moins que l'on n'aspire aux degrez superieurs.

Deux jours avant l'examen que l'on subit pour conserver le degré de Bachelier, le *Ty hiòtao* va au *Fuhio* où tous les Bacheliers sont assemblez. Là il tire au sort le nom de trois d'entr'eux qui doivent expliquer trois passages des *Cuxu* à l'ouverture du Livre : ce qui s'appelle *Kiangxu* expliquer les livres. Il lit ensuite les compositions sur les sujets qu'il a donné, & les fait examiner par ses domestiques lettrez, donnant pour ainsi dire les places, comme on le pratique dans nos Colleges. Il partage tous les Bacheliers en six classes. Ceux de la premiere & de la seconde sont reputez habiles: ceux de la troisiéme, qui est la plus nombreuse sont censez du commun. C'est une espece de deshonneur que d'être mis dans la quatriéme & dans les deux dernieres classes: néanmoins il n'y a que ceux de la sixiéme qui perdent leur degré.

Le *Tyhiotao* & le *Chifu* mettent un nombre, 1. 2. 3. à chaque nom pour marquer le rang qu'il doit tenir dans les

six

six classes. Les noms de ceux de la troisiéme sont ordinairement renvoyez aux Prefets de l'Academie *Hiokuon*, qui les font inscrire *in Globo* dans le Catalogue qu'on a coûtume d'afficher.

Il y a en general trois classes de Bacheliers. La premiere est de ceux qu'on appelle *Pulin*, ou *Linseng*, lesquels reçoivent de l'Empereur une gratification annuelle de quelques écus. Il y en a vingt dans les Colleges des Villes du premier ordre; 15. dans ceux des grands *Hien* & 8. dans ceux des petites Villes. Ceux qui dans les examens triennaux ont eu les premieres places dans le Catalogue, ont droit d'entrer dans la classe des *Pulin*, dès qu'il y a une place vacante; mais ils ne conservent ce droit que d'un examen à un autre, en sorte que si dans l'espace de trois ans il ne vaque point de place, ils perdent leur droit, à moins qu'ils n'ayent encore la premiere place dans le nouvel examen. Les places vaquent par la mort des Bacheliers *Pulin*, ou par leur promotion à d'autres dignitez. Si dans l'examen triennal le Bachelier *Pulin* a fait un si mauvais ouvrage, qu'il ne merite tout au plus que d'être inscrit dans la quatriéme Classe. Il perd ce titre & la pension qui y est attachée. On le perd encore lorsqu'on est en deuil de pere ou de mere : on se reserve seulement le droit d'y prétendre dans l'examen suivant.

La seconde Classe des Bacheliers est celle des *Chengseng*, c'est-à dire, de ceux qui ont esté ajoûtez aux *Pulin*, ou *Linseng*. Il y en a dans chaque Ville grande ou petite autant que de Pulin, & ils reçoivent aussi de l'Empereur quelque gratification annuelle. On entre dans cette Classe de la même maniere que dans la precedente. Si par exemple dans les trois ans qui suivent l'examen, il vaque deux places de *Pulin* & deux de *Chengseng*, les deux Bacheliers qui auront les premieres places, après ceux qui sont de la premiere classe, entreront dans la premiere classe, & ceux qui viendront immédiatement après eux entreront dans la seconde classe des *Chengseng*.

La troisiéme Classe est de ceux qu'on appelle *Fubio*, lesquels furent encore ajoûtez dans les examens aux deux premieres classes, afin qu'il y eût un plus grand nombre de Lettrez. Ceux-ci sont simplement Bacheliers, & sont admis aux examens comme les autres. On n'a égard pour la distribution des places qu'à la bonté té des compositions, & nullement à la classe de laquelle est le Bachelier.

Je voudrois bien, Monsieur, en demeurer là. Je m'apperçois moi-même que ce détail est ennuyeux, mais puisque j'ai eu le courage de l'entamer, il faut que vous ayez celui de lire la suite jusqu'à la fin. Ce discours est sec, j'en conviens, & cette multitude d'examens répand dans la narration une certaine confusion, qui la rend moins interessante, mais enfin cette digression est necessaire pour l'intelligence des autres coûtumes Chinoises.

Outre les examens que l'on subit pour être Bachelier, il y en a trois autres qui sont célèbres; le premier dont j'ai déja parlé s'appelle *Súykaô*, & c'est pour conserver le degré de Bachelier. Le second s'appelle *Kokaô*, c'est-à-dire, examen preparatoire pour être admis à celui des Licenciés; le troisiéme s'appelle *Kôkiú*, & c'est celui qu'on subit pour être Licentié.

Il y a encore des Bacheliers qu'on appelle *Emerites Kung seng*, lesquels ne sont plus soûmis aux examens triennaux. Les uns s'appellent *Suykung*, & acquierent cette dignité par leur ancienneté. Il faut pour la meriter avoir passé plusieurs années dans le Baccalaureat, & avoir toûjours

jours été inscrit aux examens, dans la premiere ou seconde classe. De plus il faut au moins s'être presenté trois fois à l'examen appellé *Kôkiù*, que l'on subit pour monter au degré de Licentié.

Il y a d'autres *Kung seng* ou Emerites, qu'on appelle *Tu Pankung*. Ce sont ceux qui dans l'examen des Licentiés ont fait des compositions, qui par leur bonté ont le plus approché de celles, qu'ont fait ceux qui ont obtenu le degré de Licentié. On les ajoûte au Catalogue, & ils sont Licentiez honoraires. Ils peuvent comme les autres Bacheliers Emerites se presenter quand il leur plaît aux examens des Licentiés, & en obtenir le degré.

Il y a une troisiéme sorte de Bacheliers Emerites, appellez *Nákuñg*, lesquels achetent ce Titre pour se dispenser d'assister aux examens triennaux.

Enfin les autres Emerites s'appellent *Génkung*, *Pákung*, & *Sívénkung*. Ce sont des Titres que l'Empereur accorde de tems en tems au corps des Bacheliers. Le *Tybiòtab* après un examen selon la maniere ordinaire les confere aux plus habiles Bacheliers. Ces Emerites doivent aller à la Cour, & étudier pendant trois ans dans le College Royal *Kúe chü kien*, pour obtenir

tenir le droit de posseder toutes sortes d'emplois, jusqu'à celui de Gouverneur de Ville du premier ordre exclusivement.

Les Vieillards qui sont anciens Bacheliers presentent une Requête au *Tyhiótaô*, pour être dispensés des examens triennaux, & ils obtiennent facilement cette grace, après un nouvel & dernier examen, où il juge de leur capacité.

Tous les Chinois, qui s'adonnent aux Lettres, témoignent un desir incroyable d'avoir place dans l'examen des Licentiés. Ne s'y pas presenter est une marque d'ignorance; cependant de neuf ou dix mille Bacheliers, qui s'y presentent, il n'y en a pas mille qui puissent esperer avec quelque fondement d'obtenir le degré de Licentié.

Cet examen se fait une fois en trois ans dans chaque Metropole. L'Empereur depute pour Examinateurs deux grands Mandarins, dont le premier, qui est le President de l'examen *Chùkaô*, est ordinairement tiré du College Royal, *Hānliú*, le second est comme son Lieutenant ou Assesseur *Fúkaô*, & doit aussi être versé dans les Lettres. Ces deux Mandarins ne peuvent être originaires de la Province, pour laquelle ils sont députez, & c'est une regle qui s'obferve exactement dans tout l'Empire, qu'excepté les Mandarins de Guerre, dont la jurifdiction ne s'étend que fur les milices, nul ne peut être Mandarin dans fa Province, afin d'ôter aux Magiftrats l'occafion de favorifer leurs parents & leurs amis aux dépens de l'équité.

Secondement, ces Examinateurs ne peuvent entrer dans la Metropole que le premier jour de la 8. Lune, tems auquel l'examen eft fixé: & quoiqu'ils foient Mandarins du premier ordre, ils ne font reçûs, ni vifitez qu'après que l'examen eft achevé. Le Viceroi qui fait fa refidence dans la Metropole leur affigne un Palais, où ils demeurent jufqu'au jour de l'examen fans avoir communication avec perfonne.

On prend toutes ces precautions, & les autres que je rapporterai ci-après, pour empêcher que les Examinateurs ne fe laiffent corrompre. Néanmoins quoique la peine de mort foit attachée à la tranfgreffion de cette Loi, les Chinois ont l'adreffe d'acheter le degré de Licentié, auquel ils afpirent. Ils envoyent des gens hors de la Province, & même jufqu'à Pekin, pour y traiter avec les Examinateurs,

teurs, sur-tout avec le premier s'il est possible. Ils conviennent d'une certaine marque ou Lettre, par laquelle l'Examinateur pourra reconnoître les compositions de ceux à qui il a promis de vendre le degré. Il est certain que si ce fait étoit dénoncé juridiquement, l'Empereur feroit mourir le Mandarin coupable : mais ces dénonciations ne se font presque jamais, & les Mandarins superieurs, qui seuls auroient le pouvoir de les faire, ont souvent part eux-mêmes à tout ce manege.

Le mois, le jour, l'heure, & generalement tout ce qui concerne l'examen des Licentiez est reglé. Il se fait à trois jours differents. La premiere assemblée commence le 8. de la huitiéme Lune après midi, & dure le reste du jour & toute la nuit. On y lit le Catalogue de ceux qui ont subi l'examen preparatoire, & qui ont droit de se presenter à celui dont il s'agit.

Le neuviéme au point du jour le *Chùkaõ*, ou premier Mandarin examinateur propose les Sentences, *Tymó*, sur lesquelles on doit s'exercer. Elles sont gravées sur une planche, & l'on en donne un exemplaire à chaque aspirant.

Cette assemblée finit le 10. au matin.

La seconde assemblée commence le 11. & on en sort le 13.

La troisiéme commence le 14. & finit le 16. Venons au détail.

Le lieu où se fait l'examen, s'appelle *Kungyvēn*, c'est-à-dire, *lieu où l'on choisit ceux qu'on doit presenter à l'Empereur*. C'est un grand Edifice destiné à cet usage, dans lequel il y a un grand nombre de petites cellules, qui ne peuvent contenir qu'un homme seul. Chaque aspirant a la sienne. Elles forment une longue Gallerie, au bout de laquelle il y a quelques autres appartemens, dont le principal est une grande salle, où le Viceroi tient ses Séances, & qu'on appelle *Chykungtang*, *Chambre de justice*. Aux deux côtez de cette salle il y a dix chambres, cinq de chaque côté, qui sont destinées à dix *Chittien* de la Province, qui doivent examiner les premiers toutes les compositions.

Le Viceroi de la Province preside à l'examen, en ce qui regarde le bon ordre. Presque tous les Mandarins de la Metropole y assistent, & y ont differentes fonctions. Il y a aussi des Soldats Tartares, qui ont soin de veiller sur la conduite

duite des Bacheliers, quand ils sont entrez dans leurs cellules, & qui empêchent le desordre. On ferme ensuite toutes les portes, & on y appose le sceau du Viceroi.

On ne porte point de Livre à l'examen, & il faut que les Candidats sachent tout par cœur; ce qui s'observe generalement dans tous les examens. On leur permet seulement de porter du Thé, un petit fourneau & du charbon. L'Empereur leur fait donner à ses frais tout ce qui est necessaire, comme les alimens, le vin, &c. De plus on leur donne à chacun deux grosses bougies de cire à la premiere assemblée, une à la seconde & deux à la troisiéme.

Les Bacheliers doivent avoir des habits fort simples. Ils n'ont point de chausses, & leurs souliers sont faits de paille. Leur bonnet est de simple laine sans doublure & sans ornemens. Toutes ces precautions tendent à empêcher qu'ils ne cachent quelques Livres sous leurs habits.

On voit communément aux examens d'une Metropole 4 ou 5 mille Bacheliers, ou même davantage. Le nombre en seroit encore plus grand si les Tartares ne le diminuoient peu à peu par une politique dont il est aisé de deviner le principe & le motif.

Quand les Bacheliers sont assemblez, on lit les noms de ceux qui ont droit d'assister à l'examen; ce qui se fait quatre fois, selon l'ordre des Villes, & en presence d'un ou de deux Mandarins Prefets ou Protecteurs des Academies de ces Villes. Ce sont eux qui donnent les noms des Bacheliers, & qui doivent les reconnoître. La premiere revûë se fait devant le *Tyhiótaó*, chacun répond *chay*, me voici. Delà tous les Bacheliers passent pardevant les *Chifú* Gouverneurs des Villes dont ils dépendent. Chaque *Chifu* reconnoît ceux de sa Jurisdiction. Ils passent ensuite par devant le *Púchinzú* & le *Ganchacu*, l'un Tresorier general de la Province, l'autre Intendant des affaires criminelles. Enfin on fait la lecture du precedent Catalogue en presence du Viceroi, qui donne à chaque Bachelier un cahier, *Kiven*, sur lequel il doit écrire sa composition. Il y a sur chaque cahier un numero, qui désigne la cellule qu'un chacun doit occuper.

Tous ces Preliminaires étant achevez le *Chukaó*, ou Mandarin député pour presider à cet examen, fait écrire le sujet

jet des compositions, & en fait imprimer plusieurs exemplaires qu'on distribue à tous les aspirans à la Licence. C'est une espèce de placard sur lequel il y a cinq Sceaux apposez, ceux du Viceroi, du *Chukaô*, du *Tyhiòtaô*, du *Puchinzu* & du *Ganchacu*.

Le Titre du Placard est en ces termes.

Kamhy niên Fokién Hiañg xy ty yé Châng, ty ul châng, ty san châng.

C'est-à-dire, Examen pour entrer dans le degré de Licentié, pour la Province v. g. de Fokien, l'an N. de l'Empereur Kamhy, pour la premiere, pour la seconde & pour la troisiéme Assemblée.

On donne les sujets des compositions en cet ordre.

Le premier est tiré du troisiéme Livre, *Lunyù*, de ceux que j'ai dit qui s'appelloient simplement les 4. Livres, *Cuxu*. Le second se prend du premier de ces 4. Livres *Tahiò*, ou du second, *Chung yung*.

Le troisiéme sujet est tiré du Livre du Philosophe, *Mungchu*, ou Mencius.

Les autres sujets des compositions sont tirez des cinq *King* ou Livres classiques dont je vous ai parlé. Ainsi le Bachelier est obligé de faire sept compositions.

Lorsqu'elles sont achevées, on les donne à transcrire à des Ecrivains destinez à cet office, afin que les Examinateurs ne puissent reconnoître la main de leurs Auteurs. Les Bacheliers qui dans l'examen d'épreuve, dont j'ai parlé ci-devant, ont été inscrits dans la cinquiéme Classe, sont obligez par une espece de punition d'être du nombre de ces copistes. On met à chaque placard, où les compositions sont écrites, une devise particuliere qui sert à faire reconnoître ceux qui les ont faites, lorsqu'on procede à la promotion des Licentiez.

Une partie du placard sert de brouillon, & l'autre sert à mettre au net la composition. On y peut cependant effacer des lettres, en ajoûter ou en retrancher, & les plus prudens affectent de le faire, afin qu'on ne croye pas que leur ouvrage étoit fait avant que d'entrer dans leurs cellules.

On distribue les compositions aux dix
Chi-

Chihien; ils les examinent, & de cent ils en choisissent une qu'ils envoyent au *Fukaò*, second Examinateur. Si celui-ci l'approuve, il la renvoye au *Chukaò*, sinon il en demande d'autres. Lorsque le *Chukaò* a approuvé une composition, son Auteur est censé capable d'être Licentié. S'il veut favoriser quelqu'un il n'approuve rien jusqu'à ce que la composition de celui à qui il veut faire grace ne tombe entre ses mains. Il la peut reconnoître à la marque dont il est convenu avec lui.

Le *Fukaò* & les autres peuvent aussi faire quelque faveur; mais avec moins de facilité, parce qu'il faut necessairement que toutes les compositions qu'il a approuvé passent par les mains du *Chukaò*, qui peut les rejetter comme il le juge à propos, étant l'arbitre sans appel.

Les *Chihien* après avoir rejetté les mauvais ouvrages font afficher les noms de ceux qui les ont fait au haut d'une Tour élevée au milieu de la place publique. Ceux dont les noms sont là affichez sont exclus de la seconde assemblée; & ceux qui dans la seconde assemblée ne réussissent pas mieux, sont traitez de la même maniere; ensorte que le nombre des Candidats va toûjours en diminuant.

La seconde Assemblée se tient le 11. de la huitiéme Lune après midi. Les Preliminaires sont à peu près les mêmes que dans la premiere. On y fait aussi sept compositions. Le sujet de la premiere est pris d'un Livre intitulé *Hiaoking, du respect envers les parens*, ou d'un autre Livre appellé *Cheuly*, lequel traite de plusieurs rits anciens de l'Empire; la seconde est à la louange de l'Empereur; & on prend pour sujet quelqu'action principale de sa vie. Les cinq autres compositions sont plus courtes, & les sujets se prennent dans un ouvrage en 5. volumes intitulé *Tachingliu*; ce Livre est comme un corps de Droit canonique & civil, dans lequel on trouve le reglement de ce qui concerne la Religion & l'Etat.

La troisiéme Assemblée qui se tient le 14. de la même Lune est assez semblable à la seconde. C'est la derniere épreuve. On n'y fait que cinq compositions sur cinq points d'histoire que le *Chukao* propose comme il lui plaît.

Vers la fin de la huitiéme Lune le *Chukao* determine un jour, auquel il doit déclarer publiquement les noms des Licentiez qui ont été élûs. Toute la ceremonie consiste à afficher leurs noms au-dessus

deſſus de la Tour dont j'ai déja parlé. Ceux qui dans la Liſte ont les dix premieres places ſont eſtimez les plus habiles. Les cinq premiers s'appellent *Kingkuey*, c'eſt-à-dire, *les excellents*, les cinq autres *Yaking du ſecond rang*. Tous les autres ont le titre de *Uvenkuey, chefs en matiere de litterature*. Le Mandarin *Chukao* envoye à l'Empereur le Catalogue des nouveaux Licentiez, comme pour lui preſenter des gens capables de le ſervir dans le gouvernement de l'Etat.

Outre les Licentiez, on ajoûte dans le même Catalogue les noms des dix Bacheliers qui ont le mieux réuſſi. Ils ont le titre de *Kungſeng*, *Bacheliers Emerites*, & on les appelle comme je l'ai dit ci-deſſus *Tupankung*, c'eſt-à-dire, les ſurnumeraires ajoûtez au Catalogue des Licentiez.

Le Viceroi fait un feſtin, auquel il invite tous les nouveaux Graduez, le jour qu'on a affiché leurs noms, & il leur donne à chacun, de la part de l'Empereur, une taſſe d'argent, & un bonnet, au haut duquel il y a une pomme de vermeil.

La plûpart de ceux qui ont aſſiſté aux trois Aſſemblées, (s'ils ſont d'un lieu peu éloigné de la Metropole) ſe retirent
d'abord

d'abord sans attendre qu'on affiche les noms, aimant mieux retourner dans leurs Villes avec l'esperance de pouvoir être du nombre des Elûs, qu'avec la certitude de n'avoir rien obtenu. Il y en a d'autres qui font mine de sortir de la Metropole, mais qui ne s'en éloignent pas, afin de pouvoir revenir promptement, si on leur porte l'agréable nouvelle qu'ils attendent. L'espoir de la recompense fait qu'on s'empresse d'en porter la nouvelle, tant aux nouveaux Licentiez, qu'aux Villes où ils sont nez : les habitans de chaque Ville s'interessant sensiblement à la gloire de leurs concitoyens.

Le *Chukao* & le *Tukao* étant sortis du lieu de l'examen sont visitez en ceremonie par tous les Mandarins de la Metropole. Les nouveaux Licentiez vont aussi les remercier, & donnent ordinairement 6. écus ou plus au *Chukao* qui partage cette retribution avec le *Tukao*.

Tous les Graduez conservent une veneration singuliere pour ceux qui ont concouru à leur promotion. Tels sont les Gouverneurs des *Hien*, d'où ils sont les chefs des Academies ausquelles ils sont attachez, le *Tyhiotao*, &c. Ils leur donnent

nent le titre de *Laocu* ou de *Talaocu*, *venerable ou très-venerable Maître*, selon la dignité & l'excellence de leur charge.

Le degré de Licentié donne le droit d'entrer dans les charges publiques. Les Graduez sont d'abord *Hiòkuon*, *Prefets des Colléges*, ou *Chihien* Gouverneurs des Villes du troisiéme ordre. Ils s'avancent ensuite à mesure qu'ils acquierent de la pratique dans le maniment des affaires.

Les Licentiez sont obligez d'aller au moins la premiere fois à l'examen des Docteurs, qui se fait à Pekin une fois tous les trois ans, & après y avoir fait quelques compositions sur les matieres qui regardent le Gouvernement public, ils sont reputez capables d'être Mandarins.

Quand un Licentié a obtenu la charge de *Chihien* il ne peut plus aspirer au Doctorat. C'est pourquoi ils aiment mieux souvent n'être que simples Prefets d'Academie, quoique cet emploi soit fort inferieur à l'autre.

Dans chaque Academie des Villes du premier ordre, & dans les grands *Hien* (car quoique les *Hien* soient des Villes du troisiéme ordre, il y en a néanmoins qui ont une fort grande étendue) il y a deux *Hiokuon*. & dans les *Hien* moins considerables,

rables, il n'y en a qu'un. Dans quelques Villes du premier ordre il y en a trois, qui president dans les Assemblées des Bacheliers.

Tous ces Prefets se font examiner tous les trois ans, & on leur donne dans le Catalogue un rang plus ou moins distingué, selon la bonté de leurs ouvrages. On entretient par ce moyen l'émulation & le desir de savoir parmi les Licentiez.

Les nouveaux & anciens Licentiez, avant que d'aller à la Cour pour l'examen de Docteur, doivent venir à la Metropole & demander au Tresorier General *Puchinzu* un Certificat, en vertu duquel ils sont admis à l'examen. Les Graduez, soit Bacheliers, soit Licentiez n'ont point ces Lettres authentiques que nos Maîtres ès Arts & nos Docteurs ont en Europe. Le *Puchinzu* leur doit aussi donner aux dépens du Tresor public quelque somme d'argent pour fournir aux frais de leur voyage. Quelquefois, mais rarement il dispense de venir en personne à la Metropole, ceux qui ont quelques amis auprès de lui.

L'examen de Docteur se fait à Pekin vers la seconde Lune, & il est semblable à celui des Licentiez. On l'appelle Hocy-xy, xy, c'est-à-dire, Examen de l'Assemblée generale des Licentiez de toutes les Provinces de l'Empire, lesquels aspirent au Doctorat. On y choisit pour Docteurs 150. Licentiez ou plus (car cela dépend de la volonté de l'Empereur) celui qui dans le Catalogue à la premiere place, s'appelle *Hoey yven*, *le chef de l'Assemblée*.

On divise les nouveaux Docteurs en trois classes, & il n'y en a que trois dans la premiere. On en presente sept à l'Empereur, qui les examine lui-même & qui choisit les trois plus habiles pour la premiere classe. Ils sont censez disciples de l'Empereur. Le premier s'appelle *Choangyven*, *le chef des Eleves*; le second *Tanhoa*, *d'une seule fleur*, parce que le premier a deux fleurs à son bonnet & que le second n'en a qu'une; le troisiéme *Pangyen*, *œil du Catalogue*.

Il arrive quelquefois, mais ce cas est rare, que la même personne a la premiere place dans les examens des Licentiez & des Docteurs, dans celui que l'Empereur fait lui-même pour choisir les trois sujets dont je viens de parler. On lui donne le titre de *son yven*, titre magnifique & le plus glorieux qu'un Chinois puisse

puisse recevoir en matiere de litterature.

Outre ces trois Docteurs qui composent la premiere classe, on en choisit encore un certain nombre dans la seconde pour resider dans le College Royal *Hanlin yven*, & ils possedent dans la suite les plus grands Mandarinats.

Les Chinois ont aussi des degrez militaires. Ceux qui les obtiennent ont le titre de *Vuseng*, *Graduez en l'art militaire*. Il y a des Bacheliers d'armes *Vusieüchay*, qui sont en aussi grand nombre que ceux de lettres, mais ils sont presque tous Tartares ou fils de Tartares, & ils ne sont point divisez en plusieurs classes comme les Bacheliers de lettres.

Le Mandarin examinateur des Bacheliers d'armes donne ces degrez après un examen, dans lequel on exige plus d'adresse que de science.

Les Bacheliers qui aspirent au degré de Licentiez d'armes subissent pour y parvenir un autre examen qui se fait tous les trois ans dans la Metropole, deux mois après celui des Lettres, c'est-à-dire, à la dixiéme Lune. Il n'y a que le Viceroi & le *Tybiùtaô* qui president aux trois Assemblées. Dans la premiere on leur fait tirer des fleches; dans la seconde

conde ils font voir leur adresse à monter à cheval & à courir dans une plaine voisine de la Metropole, qu'on appelle *Kiabchang, plaine des exercices.* Après ces deux épreuves ils entrent dans la salle de l'examen, où le Mandarin examinateur leur propose des thêmes sur des sujets militaires. On affiche ensuite les noms de ceux qui ont le mieux réussi, de la même maniere qu'on le pratique dans l'examen des Licentiez des Lettres.

L'examen des Docteurs d'armes se fait à la Cour la même année que se fait celui des Docteurs Lettrez. En vertu des Grades de Licentié & de Docteur d'armes, on obtient des emplois militaires, qui répondent à ceux que les Lettrez obtiennent par leurs degrez.

Pour finir enfin tout ce qui concerne les Graduez, il me semble que l'institution de tous ces degrez est une politique très-prudente; car outre l'affection naturelle que tous les Chinois ont pour leurs Lettrez, cet exercice continuel, ces examens frequens les tiennent en haleine, leur donnent une noble émulation, les occupent pendant la meilleure partie de leur vie, & empêchent que l'inaction & l'oisiveté ne les poussent à exciter des brouilleries dans l'Etat.

Aussi-

Aussi-tôt que l'âge leur permet de s'appliquer à l'étude & aux Lettres, ils aspirent au degré de Bachelier : souvent ils ne l'obtiennent qu'après bien du travail & de la peine, & après l'avoir obtenu ils sont occupez presque toute leur vie aux examens pour pouvoir le conserver, ou pour parvenir aux degrez superieurs. Par ces Grades ils s'avancent dans les charges, & jouissent de certains privileges qui les distinguent du peuple, & qui leur donnent des titres de noblesse, les Chinois n'en ayant point d'autre que celle-là.

Si les enfans des Mandarins ne suivent pas les traces de leurs peres, en s'appliquant comme eux à l'étude des Lettres & des Loix, ils retombent ordinairement dans l'état populaire à la premiere ou seconde generation. D'ailleurs ces exercices fournissent à plusieurs les moyens de vivre. Ils se font maîtres d'Ecoles, & leur Science leur sert de rempart contre la pauvreté. Cependant comme il y a de l'inconvenient dans les meilleures choses, cette grande application aux Lettres les rend moins propres à la guerre, éteint en eux cette humeur martiale qui naît avec les peuples les plus barbares, & leur fait négliger les Arts dont on pretend qu'ils

avoient

avoient autrefois une connoissance plus parfaite.

Je vais maintenant, Monsieur, vous donner une legere idée du Gouvernement de cet Empire.

Tous les Mandarins de quelque tribunal qu'ils soient s'appellent *Quongfu*, c'est-à-dire, *Présidents* : on y ajoûte, pour les honorer davantage le titre de *Laoilyea*, *Maître* ou *Seigneur*. Il ne faut pas que vous vous imaginiez que les Chinois appellent leurs Magistrats *Mandarins*, c'est un nom que les Européans leur donnent à l'imitation des Portugais, qui ne pouvant prononcer le mot de *Quongfu*, selon l'accent Chinois, les appellerent indifferemment, *os Mandarinos à mandando*.

Il y a six Tribunaux principaux à la Chine. Le premier s'appelle *Lipou*, *Tribunal des Magistrats*. C'est ce Tribunal qui regle toutes les affaires politiques de cet Empire : qui nomme aux Magistratures Provinciales, aux Gouvernements des Villes, &c.

Le second s'appelle *Houpou*, & preside aux finances : ce Tribunal nomme les sujets qui doivent aller percevoir les droits royaux dans les Provinces. Je vous ai déja parlé dans mes Lettres precedentes d'un

Man-

Mandarin nommé *Houpou*; mais je ne sai pourquoi on le nomme ainsi à E-moüy, car le nom de *Houpou* est le nom du Tribunal, & non pas celui du Mandarin, dont l'emploi est très-borné & ne dure qu'un an. Les Presidens de ce Tribunal sont aussi Tresoriers de l'Empire, & ont soin de payer les gages des Mandarins de guerre & des autres Ministres.

Le troisiéme s'appelle *Lypou*, Tribunal des rits. Les Mandarins qui le composent, ordonnent les fêtes publiques, ont l'intendance des Temples, reglent les ceremonies, reçoivent les Ambassadeurs & font réponse aux Lettres des Rois; (car l'Empereur de la Chine croiroit déroger à sa dignité s'il répondoit lui-même aux Lettres des autres Princes.)

Le quatriéme s'appelle *Penpou*, Tribunal militaire. C'est celui qui preside aux affaires de la Guerre, & qui confere toutes les Charges militaires.

Le cinquiéme s'appelle *Compou*. Ce Tribunal a la surintendance des Bâtimens, des Palais, des Temples, des Forteresses, des Ponts, des Chemins & de la Marine. Le sixiéme s'appelle *Henpou*, Tribunal des crimes. On y juge les criminels en dernier ressort. On y décerne les peines dûës aux crimes, &c. Cha-

Chaque Tribunal a un Chef appellé *Ciamciu*, & ce Chef a deux collegues ou Asseseurs, quand il preside, nommez *Chilan*, l'un à droite, l'autre à gauche ; ce qui ressemble assez à nos premiers Presidents des differentes Chambres du Parlement.

Outre ces six Tribunaux, il y en a un autre qui est superieur, appellé le Tribunal des *Colaos*, composé de 4. ou 6. Mandarins, qui sont comme des Conseillers d'Etat, lesquels veillent à la sûreté de tout l'Empire. Ils ont les entrées libres dans le Palais, & répondent comme il leur plaît aux Requêtes que les peuples adressent à l'Empereur.

Il y a encore deux autres Mandarins qui ne sont attachez à aucun Tribunal, dont l'Office tout honorable qu'il est me paroît extrêmement délicat. Le premier s'appelle *Chadly*, le second *Taoly*. Ce sont des Censeurs qui ont droit de reprendre les autres Magistrats de leurs fautes, de leur reprocher publiquement leurs injustices, s'ils en commettent, & même de les dénoncer au cas que le peuple se plaigne de quelque exaction injuste. Ils n'épargnent pas même l'Empereur, s'il entreprend de donner atteinte aux Loix fondamentales de l'Etat.

Je vous ai déja parlé des Colleges ou Academies Royales, sur-tout du premier appellé *Hanlin-yven*, lequel est composé de Docteurs, qui quoiqu'ils ne se mêlent point d'affaires d'Etat, égalent néanmoins en dignité les Mandarins les plus considerables. Leur emploi est d'écrire les Fastes & les Annales de l'Empereur regnant, de composer les Livres de Droit, & de recueillir les Loix anciennes & nouvelles. C'est de ce College qu'on tire les Precepteurs des Rois & des Princes de la famille Royale, les *Colaos*, & les autres Mandarins du premier rang. Ce sont eux encore qui assistent aux examens des Docteurs, &c.

Après vous avoir parlé des Mandarins qui resident à Pekin & à Nankin (car ces deux Villes sont deux Cours souveraines) je viens aux Mandarins Provinciaux.

Chaque Province est gouvernée par deux Mandarins nommez *Puchinzù & Naganzeau*. Le premier a l'intendance des affaires civiles, & est le Tresorier Provincial. Le second est Juge des affaires criminelles, ce qui a beaucoup de rapport

port à nos Charges de Lieutenant Civil & de Lieutenant Criminel. Ils ont plufieurs Collegues dont les noms marquent les emplois.

Dans toutes les Villes il y a des Gouverneurs. Ceux des Villes du premier ordre s'appellent *Chifu*, ceux des Villes du fecond & troifiéme ordre s'appellent *Chiceü* & *Chihien*. J'ai déja parlé de cette divifion des Villes en trois ordres. Tous ces Gouverneurs ont quatre Lieutenants ou Affeffeurs, qui ont auffi leurs noms particuliers.

La Cour députe tous les ans dans chaque Province deux Mandarins extraordinaires; le premier s'appelle *Tutam*, & établit fa demeure dans la Ville, ou dans le Château qui lui plaît le plus. Son autorité eft fort grande fur tous les autres Mandarins. Il veille à la fûreté des chemins, & il a la furintendance des poftes de fa Province.

Le fecond nommé *Chiabyven*, eft un Magiftrat député pour faire la vifite d'une Province. Il prend connoiffance de l'adminiftration de la Juftice, & informe la Cour de la conduite de tous les Mandarins. Cet emploi le rend refpectable; il fe fait craindre, mais je doute qu'il fe faffe aimer.

Dans toutes les Villes de commerce il y a un Mandarin député par le Tribunal *Houpou*, lequel perçoit les deniers royaux, &c.

La charge de Titô est aussi très-considerable. Il commande un corps de 20. mille hommes, & va de pair avec les premiers Mandarins de sa Province. Il a ses Lieutenans & ses Assesseurs qui ont aussi leurs Titres & leurs noms particuliers.

Les Bourgs, les Villages, les Châteaux ont aussi leurs Mandarins; en un mot de quelqu'emploi qu'un Chinois soit revêtu, il est Mandarin. Dans le Gouvernement civil, un Juge de Village est un Mandarin; dans le militaire, un Lieutenant, un Sergent d'Infanterie est un Mandarin. Leurs vêtemens ont des marques particulieres qui les distinguent du peuple, & ces marques sont differentes selon la difference & la dignité de l'emploi qu'ils exercent.

On ne peut trop admirer la subordination qu'il y a entre tous ces Magistrats, & le respect que le peuple leur porte. On ne s'attache point, comme on fait parmi nous, à rechercher leur origine; leur science & leur autorité sont leurs titres de noblesse. Ils sont eux-mêmes les artisans de leur gloire, & ils n'en sont point redevables à une longue suite d'ayeux.

Les Magistratures ne sont point héréditaires. Mais lorsqu'un Mandarin a longtems servi, l'Empereur accorde à ses enfans, jusqu'à une certaine Generation, le droit d'exercer toutes sortes d'emplois, à moins qu'ils ne le perdent par leur incapacité.

Un Mandarin n'exerce aucune charge telle qu'elle soit, que pendant trois ans, à moins que l'Empereur dans un cas extraordinaire n'en ordonne autrement, ou ne l'éleve à un Office plus distingué dans une autre Province; car il n'arrive presque jamais qu'un même Mandarin reste plus de trois ans dans la même Ville ou Province, de peur que les amitiez & les liaisons qu'il y a contracté ne le rendent moins exact à administrer la Justice, & n'alterent les dispositions où il doit être de se montrer équitable envers tout le monde sans acception de personnes.

La Loi défend aussi par la même raison aux Mandarins d'exercer aucune Magistrature dans la Ville ou dans la Province où ils sont nez, mais elle le permet aux Mandarins de Guerre, afin que l'a-
mour

mour de la patrie les excite à sa défense.

On fait tous les trois ans à Pekin un examen général de la conduite des Magistrats Provinciaux. On y pese la moindre de leurs actions, & on est aussi prompt à les punir, qu'exact à les recompenser. Les Juges examinateurs approfondissent les talens de chaque Magistrat, désignent ceux qu'on doit maintenir dans le maniement des affaires d'Etat, ceux qu'on en doit éloigner, ceux qu'on doit punir, ceux qu'il faut élever, & l'Empereur confirme toutes leurs décisions.

Les Mandarins qui ont mal usé de leur autorité, ou commis quelque injustice éclatante dans le cours de leur Magistrature, sont punis avec severité, & leurs noms sont écrits dans une espece d'Almanach, qu'on ne manque jamais de publier apaès l'examen, afin que le peuple sache la satisfaction qu'on donne à ses plaintes.

Ceux qui ont vendu la Justice, qui se sont laissez corrompre par l'interêt, ou qui ont foulé le peuple par des vexations injustes non seulement perdent leurs emplois, mais encore ils sont déchus pour toûjours du droit de prétendre à aucun Office public.

Ceux

Ceux qui dans la punition des coupables ont infligé des peines trop severes, & au delà des bornes prescrites par les Loix, sont réduits à l'état populaire, privez de leurs emplois, & des privileges qui y sont attachez.

Les vieillards & ceux à qui la mauvaise santé & les infirmitez ne permettent pas d'agir avec toute la vigilance & la vivacité que leur Charge demande, ne perdent pas à la verité les marques d'honneur & les immunitez de leur emploi, mais on les dispense d'en faire les fonctions.

Ceux qui par trop de précipitation, ou par ignorance, ont rendu des Arrêts peu équitables, au lieu d'être élevez à des dignitez superieures ausquelles ils auroient pu prétendre s'ils s'étoient conduit avec plus de modération & de prudence, sont pourvûs d'emplois inferieurs à ceux qu'ils exerçoient auparavant.

Enfin ceux qui dans leur domestique vivent sans œconomie, & d'une maniere irreguliere, ou qui pour assouvir leurs passions deshonorent leur Emploi, en sont privez pour toûjours, & sont reputez inhabiles au Gouvernement.

On connoît le rang & la dignité de tous

tous les Mandarins à leur marche. Ceux du dernier Ordre vont à cheval avec peu de suite. Ceux du premier & second Ordre se font porter dans des chaises découvertes par huit porteurs, les autres par quatre. Leurs chaises sont entourées de domestiques qui portent de grands parasols, autant par ostentation, que pour garantir leurs maîtres des ardeurs du Soleil. Les premiers ne peuvent paroître en public qu'avec beaucoup de pompe, & en cortege nombreux de gens à pied & à cheval.

Cette marche a quelque chose de lugubre, & le Mandarin est toûjours précedé de ses satellites vêtus de toile grise, & armez de fouets & de chaines. Ils portent aussi des étendarts, des cassolettes, & d'autres ornemens qui caracterisent le Mandarin. Ces gardes marchent deux à deux, & jettent tour à tour de longs cris. Plus ces cris sont forts & longs, plus ce Mandarin est respectable. Deux de ces satellites ont en main un instrument d'airain fait en forme de chaudron, sur lequel ils frappent ; & ce son joint à leurs voix enrouées, avertit le peuple de se retirer, & de laisser libre le passage de la rue.

Lors-

Lorsqu'un Mandarin en rencontre un autre qui lui est superieur en dignité, s'il ne peut retourner en arriere ni éviter sa rencontre, il descend de sa chaise : tous ses gardes mettent à terre les marques de leur jurisdiction, & se tiennent debout les bras croisez jusqu'à ce que l'autre Mandarin soit sorti de la rue. Si les deux Mandarins sont égaux en dignité, ils s'arrêtent l'un & l'autre, & s'envoyent complimenter. Chacun veut ceder le pas à l'autre & ne le cede point, & si la rue ne leur permet pas de passer en même temps, ils mettent pied à terre, & se font de nouveaux complimens, tandis que leur cortege défile; chacun rejoint ensuite son équipage.

Le cérémonial est reglé dans leurs visites. Si un superieur visite un inferieur, il lui envoye une Lettre écrite dans un cahier de papier bleu. Si le rang est égal, celui qui visite se sert de papier rouge semé de legeres feuilles d'or. Leurs visites sont toûjours précedées par cette Lettre qui explique les qualitez de celui qui rend la visite, & les motifs qui la lui font rendre. N'est-il pas vrai, Monsieur, qu'il y auroit moins d'importuns en France, si l'on y pratiquoit de semblables cérémonies.

Tous les Mandarins ont un sceau annexé à la Charge qu'ils exercent; s'ils le perdent ils courent risque de perdre leur emploi d'être punis peut-être encore plus severement. Le R. P. Laureaty me raconta à ce sujet un évenement assez particulier dont il avoit été témoin. Un Mandarin de guerre ayant eu plusieurs démêlez avec un Mandarin de justice, lui fit dérober son sceau. Celui-ci qui n'ignoroit pas les consequences de cette perte, & qui soupçonna aussi-tôt l'auteur de ce vol, usa de ce stratagême. Il mit le feu dans son Palais, & l'incendie ayant attiré tous les Mandarins, qui dans ces occasions sont obligez d'accourir & de donner leurs ordres pour prévenir le progrès de l'embrasement, son ennemi y vint aussi par politique & par devoir. Alors le Mandarin contrefaisant l'homme éperdu, sortit de sa maison tenant en main une boëte semblable à celle qui renfermoit auparavant le sceau: prenez, dit-il au Mandarin de guerre, le sceau que j'ai reçû de l'Empereur, gardez-le tandis que j'irai prévenir les suites de cet embrasement. Tous les assistans furent témoins de ces paroles, ensorte que le feu étant éteint, le Mandarin de guerre fut obligé de restituer,

tuer à l'autre le sceau qu'il lui avoit volé. Personne ne l'auroit crû, s'il avoit osé dire que la boëte étoit vuide lorsqu'il l'avoit reçûe.

Les Mandarins ne peuvent punir les criminels que selon les Loix écrites dans le livre des Rits. On punit les Chinois en cinq manieres differentes selon les differens crimes qu'ils ont commis.

Premierement, on fouette le criminel, dont la faute est legere, avec des verges, pour le corriger, dit la Loi, & pour lui inspirer une confusion salutaire. Il ne reçoit jamais moins de dix coups, & jamais plus de soixante.

Secondement, lorsque le crime est plus grave, on le frappe sur les fesses avec un bâton, & on ne lui donne jamais moins de soixante coups, & jamais plus de cent. Les Mandarins seroient punis eux-mêmes s'ils excedoient les peines prescrites par la Loi.

Au lieu de ces deux châtimens qui sont aujourd'hui moins en usage qu'ils n'étoient autrefois, on se sert communément d'une canne de bois de banbouc, qu'on taille de maniere que son extrémité est concave, & ressemble (permettez-moi la comparaison) à une cuillier à pot. Or cette punition se divise en cinq degrez; le premier est de cinquante coups, le second de soixante, & ainsi des autres jusqu'à quatre-vingt-dix.

Troisiemement, on condamne les criminels aux Galeres où ils restent au moins pendant un an; mais cette punition n'excede jamais le terme de trois ans, & elle a ses degrez selon la qualité du crime. Avant que le criminel soit chargé de ses chaines, on lui donne la bastonnade, & le nombre des coups dépend du nombre des mois & des années de servitude ausquelles il est condamné. S'il l'est pour un an, il reçoit soixante coups, si c'est pour un an & demi, soixante & dix, &c.

Quatriémement, on exile un criminel à 200. à 250. & à 300. lieues tout au plus, & avant que de partir pour le lieu de son exil, on lui donne la bastonnade. Le nombre des coups dépend encore de l'éloignement du lieu de son exil. Au reste le temps est limité, & on ne condamne jamais personne à un bannissement perpetuel.

Le cinquiéme & dernier suplice est la mort dont on punit les criminels en deux manieres, ou en leur coupant la tête, ou en les étranglant : ce dernier genre de
mort

mort leur paroît plus doux & moins infâme.

Quand quelqu'un a commis des crimes atroces, comme un parricide ou quelque forfait semblable, on lui déchiquete la peau avec des tenailles, ou on l'écorche; mais comme ces crimes font rares, les fuplices le font auffi, & ils ne font point compris dans le nombre des cinq punitions ordinaires appellées *Uking*.

Lorfque le crime eft d'une nature à être puni fur le champ, on donne la mort au criminel fans aucun délai : mais dans la punition des crimes ordinaires qui meritent la mort, il faut que le Tribunal fuperieur de Pekin confirme la Sentence rendue contre le criminel. Les Mandarins Provinciaux inftruifent le procès & en renvoyent l'examen aux Prefidens du Tribunal du crime. Après que ceux-ci ont confirmé la Sentence, ils la font foufcrire à l'Empereur, & la renvoyent aux Juges des lieux. Il arrive prefque toûjours que cette Cour Souveraine, par un motif de douceur & de compaffion, differe jufqu'à l'automne la confirmation de toutes les Sentences, afin que l'execution s'en faffe dans cette faifon où la vigueur naturelle eft en quelque forte affoiblie, & où les criminels sentent moins l'horreur de leur sort. Les voleurs publics, les assassins sont quelquefois mis à mort par la populace qui les lapide, sans vouloir attendre la formalité d'un jugement, & les Magistrats souffrent cet excès non-seulement sans le punir, mais encore avec plaisir.

On punit un filou convaincu de larcin pour la seconde fois, en lui imprimant sur le bras nud avec un fer chaud, deux marques ou caracteres qui désignent le crime & la rechûte. S'il est pris une troisiéme fois, on lui imprime les mêmes caracteres sur le visage. La quatriéme fois, il est condamné aux Galeres.

Lorsqu'un Chinois est arrêté pour une faute legere, il se soustrait à la punition moyennant une somme d'argent dont il donne une partie au Mandarin, & l'autre partie à un Chinois qui se soûmet à recevoir les coups de bâton sur les fesses en sa place. Néanmoins les Loix sont directement contraires à cet usage, lequel en effet ne se pratique gueres que dans les Villages & autres petits endroits. Jugez par cette circonstance de l'avarice & de la cupidité de la populace Chinoise. Il n'y a point d'emploi si vil qu'il soit, qu'ils n'emn'embraſſent pour gagner la valeur d'un ſol. Ils s'aſſembloient pour contempler nos barres d'argent; la ſurpriſe & l'envie étoient peintes ſur leurs viſages, & ils témoignoient leur admiration par un mouvement de machoire tout-à-fait plaiſant.

Si les Mandarins ſubalternes d'une Ville refuſent de rendre juſtice, on va frapper ſur le tambour du Mandarin ſuperieur. Ce tambour eſt placé dans une petite tour bâtie dans la cour de ſon Palais. Il doit alors donner audience, ſoit de jour, ſoit de nuit, & écouter les plaintes de ceux qui ont recours à lui.

Je paſſe ſous ſilence, Monſieur, pluſieurs autres choſes qui concernent les Mandarins. Je crois ne devoir pas entrer dans un plus long détail. Ayez la bonté de vous ſouvenir que ce n'eſt qu'une Lettre que je vous écris, & non pas une hiſtoire. Avant que de finir, je vous dirai deux mots de l'Empereur qui regne aujourd'hui à la Chine.

Ce Prince s'appelle *Kambi:* il eſt Tartare & petit-fils de celui qui conquit la Chine. Il y a environ cinquante ans qu'il regne, & il eſt âgé de ſoixante & trois ans. Sa taille eſt haute, & ſa complexion vigoureuſe. Il a le viſage long,

l'air

l'air severe, & le regard superbe. Le desir de savoir & d'apprendre les Sciences & les Arts qui nous sont propres, lui fait tolerer le sejour de nos Missionnaires, & l'établissement d'une Religion étrangere dans son Empire; mais il n'a aucune disposition à l'embrasser. Il est interieurement convaincu qu'il y a une Divinité, mais il est exterieurement livré à toutes les superstitions de la Secte des Bonzes. Les disputes qui regnent depuis si long-temps entre les Missionnaires, l'amour qu'il a pour les cérémonies que quelques-uns d'entr'eux veulent proscrire, lui paroissent des raisons suffisantes pour ne se point declarer en faveur du Christianisme.

Ce Prince a tout l'orgueil & le faste des Princes Asiatiques. Sa vanité ne peut souffrir que dans les Cartes Géographiques on ne mette pas son Empire dans le centre du Monde, & quoique par les conversations frequentes qu'il a eu avec nos Missionnaires les plus habiles, il soit convaincu que ses Etats ne sont non seulement pas situez dans le centre du Monde, comme tous ses prédecesseurs l'ont prétendu, mais encore qu'ils ne sont qu'une très-petite partie de ce Monde. Il s'obstine par un trait de politique, où l'orgueil

gueil a beaucoup de part, à vouloir que dans les Cartes qu'on dresse par son ordre, on mette la Chine & les Etats qui en dépendent au centre du Monde. Il fallut même autrefois que le Pere Mathieu Ricci dans la Carte Chinoise du Monde qu'il dressa à Pekin, renversât l'ordre pour plaire à l'Empereur, & pour se conformer à ses idées.

Il y a quelques années qu'un Negociant Anglois apporta à Canton deux Globes, l'un terrestre, l'autre céleste, dont l'ouvrage & la beauté ne se pouvoient assez priser. Un Mandarin en donna avis à l'Empereur, & ce Prince toûjours curieux de pareilles nouveautez, ordonna qu'on les lui envoyât à Pekin. Il en admira l'ouvrage, & fit expliquer & même transcrire en Chinois les noms des Royaumes & des Villes principales. Mais après avoir examiné attentivement la situation de tous les pays, & remarqué que le sien n'étoit pas situé où il vouloit qu'il le fût, il parut peu content. Ses Eunuques qui sont ses favoris & ses confidens, blâmerent beaucoup l'artisan des Globes, ou par ignorance, ou pour faire leur cour à l'Empereur, ensorte qu'il commanda d'un air chagrin qu'on les ôtât de sa presence.

Il est ami des Arts, sur tout de ceux qui sont inconnus aux Chinois. S'il voit quelqu'ouvrage nouveau d'Europe, il ordonne secretement à ses ouvriers de le contrefaire, & le montrant ensuite à nos Missionnaires comme une production du génie Chinois, il leur demande avec beaucoup de sang froid, si en Europe on fait de ces mêmes ouvrages: il ne sauroit souffrir qu'on soit plus habile & plus adroit ailleurs, & il cherche à se tromper soimême pour mieux tromper les autres.

Sa curiosité n'a point de bornes, & il veut savoir jusqu'aux choses qu'il sied bien à un grand Prince d'ignorer. Un jour il voulut s'enyvrer pour connoître les effets du vin. Il ordonna à un Mandarin qui avoit la réputation d'une tête forte, de boire avec lui. On apporta des vins d'Europe, sur tout des Isles Canaries, dont les Gouverneurs des Villes maritimes ont soin de fournir sa table pendant toute l'année. Il but & s'enyvra. Cette yvresse l'ayant plongé dans un profond sommeil, le Mandarin se retira dans l'antichambre des Eunuques, & leur dit:
„ Que l'Empereur étoit yvre; qu'il étoit
„ à craindre qu'il ne contractât l'habi-
„ tude de boire du vin avec excès: que
„ cet-

„ cette liqueur aigriroit encore son hu-
„ meur naturellement violente, & que
„ dans son yvresse il ne pardonneroit pas
„ à ses plus chers favoris. C'est pour-
„ quoi, ajoûta-t-il, pour prévenir les sui-
„ tes fâcheuses qui pourroient naître de
„ cette fatale habitude, il faut que vous
„ me chargiez de chaines, & que vous
„ m'envoyiez dans un cachot, comme
„ si Sa Majesté avoit ordonné de me fai-
„ re mourir : laissez-moi le soin du reste.
Les Eunuques que leur propre intérêt sollicitoit à suivre ce conseil, firent lier & conduire le Mandarin dans la prison du Palais. L'Empereur se réveilla quelque-temps après, & surpris de se voir seul, il appella le Chef des Eunuques, & demanda où étoit le Mandarin. L'Eunuque répondit, qu'ayant eû le malheur de déplaire à Sa Majesté, on l'avoit conduit par son ordre dans la prison où il devoit être mis à mort. L'Empereur rêva long-temps, & commanda qu'on fit venir le Mandarin en sa presence. Il vint chargé de ses chaines, & se prosterna aux pieds de l'Empereur comme un criminel qui attend l'arrêt de son suplice. Qui t'a mis en cet état, lui dit-il, & d'où viennent ces chaines ? Quel crime as-tu commis ?

mis? Mon crime, je l'ignore, Sire, lui répondit le Mandarin, je fai feulement que Votre Majefté a commandé qu'on me traitât de la forte, & j'attendois la mort, lorfqu'on m'a tiré du cachot. L'Empereur rêva encore; il parut furpris & interdit. Enfin attribuant aux fumées du vin une violence dont il n'avoit aucun fouvenir, il fit délier le prétendu coupable, & le renvoya. Depuis cette avanture, on a remarqué qu'il a toûjours évité les excès du vin. Le zele & la prudence du Mandarin me paroiffent d'autant plus louables, qu'il eft rare de trouver des Courtifans qui ne flattent pas les paffions de leurs maîtres. De plus, ce qui n'avoit été qu'une feinte, pouvoit devenir une verité, fi l'Empereur s'étoit apperçû de ce fage mais dangereux ftratagême.

Une hiftoire rappelle le fouvenir d'une autre. Le P. Laureaty nous parlant de l'avarice de ce Prince, nous raconta que fe promenant il y a quelques années dans un parc de la Ville de Nankin, il appella un Mandarin de fa fuite, le plus riche homme de l'Empire, & lui ordonna de prendre la bride d'une bourique fur laquelle il monta, & de le conduire autour

du

du parc. Le Mandarin obéit, & reçut un taël pour récompense. L'Empereur voulut à son tour lui procurer le même divertissement. Il s'en excusa envain, il lui fallut obéir & souffrir que son Prince devînt son guide. Cette bisarre promenade étant achevée, combien de fois, lui dit l'Empereur, suis-je plus grand & plus puissant que toi? Le Mandarin se prosternant à ses pieds, lui dit qu'il n'y avoit aucune comparaison à faire. Eh bien, repartit l'Empereur, j'en veux faire une: je suis vingt mille fois plus grand que toi; paye ma peine à proportion de ce que j'ai payé la tienne. Le Mandarin paya vingt mille taëls (*cent mille livres*) & se felicita encore interieurement de la modestie de son maître.

L'Empereur n'a point encore designé de successeur à l'Empire; il a autant d'enfans que d'années, & le nombre de ses femmes égale au moins celui des concubines de Salomon, dont parle l'Ecriture.

Vous entretiendrai-je encore, Monsieur, de nos affaires particulieres? Nous nous étions imaginez qu'il nous seroit plus facile à Emoui, qu'en aucun autre Port de la Chine, de tirer les soyes crues de Nankin, à cause de la commodité des rivie-

rivieres : néanmoins nous ne les recevrons que par la voye de Canton, encore aurons-nous le rebut des autres vaisseaux; ainsi je doute que nous puissions partir dans le mois de Decembre : nous serons trop heureux si nous n'hyvernons point dans ce Port.

Le Titò partit ces jours passez pour faire la visite de l'Isle d'Emoui & des autres Isles qui en relevent. Il annonça son départ pendant trois jours par des salves continuelles d'artillerie, & par des feux d'artifice qu'il fit tirer dans le Château. Nous allâmes lui souhaiter un heureux voyage, & le prier de donner ses ordres pour notre sûreté pendant son absence. Il nous fit presenter outre le Thé, toutes sortes de confitures, & nous eûmes le spectacle d'une Comedie moins ennuieuse que celles où nous avions assisté ci-devant. Il partit à huit heures du soir. Toute la Ville étoit illuminée. Les vaisseaux s'étoient rangez en ligne depuis l'enfoncement du Port jusqu'à l'embouchure de la baye, & cette ligne avoit deux lieues de longueur. Ils étoient illuminez avec beaucoup d'art & de symmétrie, & ils formoient un très-beau spectacle. Les six Jonques Chinoises qui devoient accompagner ce

Man-

Mandarin étoient ornées de banderolles & d'étendarts de diverses couleurs, & armées de dix pieces de canon. Sitôt qu'elles eurent mis à la voile, on entendit un carillon si étrange de canons & de bassins d'airain, que rien à mon avis ne peut y être comparé.

Lorsque les vaisseaux Chinois veulent rendre le salut, un matelot se place sur l'endroit le plus élevé de la poupe, & frappe sur un bassin d'airain à quatre ou cinq reprises jusqu'à ce qu'on lui ait répondu de la part du vaisseau qu'il salue. Imaginez-vous donc, Monsieur, le bruit & le charivari que doivent faire six ou sept cens vaisseaux & barques qui en saluent un seul, & qui joignent le bruit de l'artillerie au son aigu & perçant de ces bassins d'airain.

Notre vaisseau salua le Titô de onze coups de canon. Tout le Port étoit en feu. Ces salves d'artillerie ne discontinuerent point jusqu'à ce que le Titô fut sorti de la baye, où il resta plus de deux heures à contempler les illuminations & les feux d'artifice, que les Chinois faisoient tirer sur la cime des montagnes de l'Isle de Colomsou.

Les Chinois toûjours opiniâtres dans leur

leur haine, voulurent alors profiter de l'absence du Titô, & de l'embarras où nous mettoit la carenne de notre vaisseau. Nous étions en petit nombre dans notre maison, quatre ou cinq passagers avec quelques domestiques. Les soldats d'un petit Mandarin, qui pour notre malheur étoit notre voisin, vinrent suivis d'une foule de peuple nous insulter, & former une espece de siege devant notre porte. Nous soûtinmes leurs efforts autant que notre petit nombre pût nous le permettre; nos sabres les écartoient, mais ils ne nous mettoient point à couvert d'une grêle de pierres qui tomboit sur nous, lorsque nous étions obligez de les repousser jusques dans la rue. Le perfide Mandarin au lieu d'apporter remede à ce desordre, regardoit de loin avec une joie maligne le combat & les combatans. Nous épargnions les Chinois, dans la crainte que leur sang répandu ne nous attirât quelques malheurs. Cependant ils avoient redoublé leurs efforts; le nombre de nos ennemis croissoit de plus en plus, & ne pouvant plus resister à la violence de cette multitude de peuples, nous étions résolus à nous servir de nos avantages & à faire feu sur eux; lorsque le Mandarin *Houpou* ayant été averti par
notre

notre interprete de ce qui se passoit, envoya son fils & ses gardes à notre secours. La retraite de nos ennemis fut prompte, & le nom de *Houpou* fut plus fort & plus puissant que nos armes. Nous n'avons pû savoir encore le motif qui les avoit engagez à cette entreprise.

Les Mandarins s'attendoient à de grandes plaintes de notre part, mais ils n'entendirent que des menaces. Nous armâmes notre vaisseau en diligence, & nous fimes courir le bruit que nous écrivions aux Révérends Peres Jesuites de Pekin, pour les prier de porter nos plaintes à l'Empereur sur le procedé des Mandarins, qui permettoient aux habitans d'Emouy des violences si contraires aux intentions de Sa Majesté.

Nos menaces les intimiderent, & nous connûmes dans la suite qu'ils avoient donné de nouveaux ordres en notre faveur: le peuple nous craignit un peu plus, sans nous aimer davantage.

Le 15. d'Octobre deux femmes entrerent dans la cour de notre maison. Ces rencontres sont si rares ici que nous craignîmes d'abord quelques stratagêmes de la part des Chinois; mais notre interprete nous desabusa. Ces femmes étoient consacrées à je ne sai quelle idole, & nous demandoient l'aumône en nous disant les injures les plus sales. On voulut les chasser, mais elles jetterent de grands cris, firent cent extravagances, & nous menacerent même de se couper le visage avec des morceaux de porcelaine, & de nous accuser auprès des Mandarins de leur avoir fait violence. Notre interprete nous conseilla de leur faire quelqu'aumône. On leur envoya environ cinquante sols, mais elles les refuserent, & nous taxerent insolemment à quatre taëls. Il fallut leur obéir de peur qu'il n'arrivât quelque nouvelle scene. Cette aumône les mit de belle humeur; elles nous promirent de nous recommander à leur idole, ce qui à proprement parler étoit nous recommander au Diable.

Fin du premier Tome.

TABLE

TABLE
DES MATIERES
Du premier Volume.

A.

Arica, Ville du Perou, 50. sa situation, 60. 61. sa rade dangereuse & son commerce, *ibid.* mauvaise constitution de ses habitans, 61. moutons extraordinaires que l'on y trouve, 65.

Atabalippa, Roi du Perou, 78. son regne, *ibid.* sa prise par les Espagnols, 81. sa mort, 83.

Aveuglement subit d'une femme causée par l'impuissance de son mari, 6.

B.

Baldivia, second Port du Royaume du Chily, 31. porte le nom de son Conquerant, *ibid.* a un Château fortifié, *ibid.*

Baye des Salines, sa longueur & sa largeur, 123.

Biobio, Montagnes appellées les Mammelles de Biobio, & pourquoi. 25.

Bonzes, nom que les Chinois donnent à leur Prêtre, 174.

Boussole, si les Chinois en ont eu l'usage avant nous. 242

Bresil, Royaume dans l'Amerique meridionale,

TABLE

15 les naturels du pays y sont farouches, *ibid.* leur nourriture, *ibid.* le froment n'y peut croître, & pourquoi. *ibid.*

C

CAGNETE, petit Bourg du Perou, ses habitans y sont tous pauvres, 87. singularité de l'habillement des femmes de ce Bourg, *ibid.*

Caiphantin, Juge de police d'Emouy, 169. les François le vont visiter; & de quelle façon il les refuse, 169. 170. son interprete leur donne avis de se défier des Mandarins, 172.

Callao, Ville à deux lieues de Lima, sa description, 111.

Canaries, Isles nommées *Fortunées*, à cause de leur fertilité, 5.

Cap des Vierges, danger que l'Auteur y courut, 19.

Certificat d'un Marchand Anglois sur la probité d'un Chinois, 192.

Chasse des chevaux sauvages, par les Indiens du Chily, 57.

Chiloé, le premier port des Espagnols dans le Chily. 31.

Chily, Royaume dans les Indes Orientales, 31 considerable tant pour sa fertilité, que pour sa situation, *ibid.* l'air y est temperé & fort sain, *ibid.* les femmes y sont jolies, 47. leur caractere, *ibid.*

Chincha Province du Pérou, 74 sa description, *ibid.*

Chine. (Empire de la) sa fondation & le nom de son fondateur, 228. le nombre de ses Provinces, 234. mœurs de ses habitans, *ibid.* caracteres Chinois, 250 par qui inventez *ibid.*

Chine. (Empereur de la) son caractere. 304 *et suiv.*

DES MATIERES.

suiv. Il fait placer dans les Cartes Geographiques son Empire au centre du Monde. 304. Avanture d'un Anglois sur ce sujet. 305. Curiosité de ce Prince. 306. Il s'enyvre pour connoître les effets du vin. *ibid.* suite de cela. 307 son Avarice. 308. exemple singulier sur ce sujet. 309.

Colomfou, Isle voisine d'Emouy, 224

La *Conception,* Ville du Royaume du Chily, 32. sa situation, *ibid.* sûreté de son port, *ibid.* on n'y fait presque point de commerce, 33. façon dont elle est bâtie, 33. 34. Couvents de cette Ville, 34.

Condur, oiseau. 91.

Conspiration des Matelots Anglois qui étoient dans le vaisseau de l'Auteur, 17. est découverte, 18. & punie, *ibid.*

Conspiration des Indiens du Chily, 41. suplice de quelques-uns d'entr'eux & leur constance, 45

Coquimbo, Ville du Royaume du Chily, 54 sa situation & la commodité de son Port, *ibid.* description des dehors de cette Ville, 55. commerce de ses habitans & leurs mœurs. *ibid.*

Crimes, comment on les punit à la Chine, 299. *suiv.*

Crocodilles, ou Caymans de l'Isle saint George, 11.

Sainte *Croix,* Port de l'autre côté de l'Isle Teneriffe, 4

Cruauté du Colonel de Villagrande, 16.

Cymbadores, sortes d'Indiens ainsi appellez par les Espagnols. 86

D

DANGER que l'Auteur courut sur mer par la faute d'un pilote, 214 *& suiv.*

Degré militaire des Chinois, & la maniere de faire

TABLE

cet examen, 285.

E

EMOUY, Ville de la Chine, 241 sa situation, *ibid*. relation de ce qui s'y passa pendant le séjour de l'Auteur, 160 *& suiv.*

Erreur des Géographes sur les Isles voisines du Continent de l'Amerique, 131

Etendue de l'ancien Empire de la Chine, 235.

Etudes des Chinois, 256. Examens par où il faut qu'ils passent, 256. 257. maniere dont on reçoit un Bachelier, 258 *& suiv.* les differentes classes de Bacheliers, 264. ce qu'il faut faire pour être reçû Licentié, 289.

F

FEMME de la Ville d'Arica, qui accouche de deux enfans, l'un blanc & l'autre noir, dans l'intervale de six semaines de l'un à l'autre, 64.

Dom *Firmin*, Gouverneur de la Conception, 34. sa haine pour les François, 35 il veut les empêcher de rendre les honneurs funebres à un de leurs Capitaines, 37.

Fochen, Ville capitale de la Province de Fokien, 240.

Fohi, Empereur Chinois, 228. sa naissance extraordinaire, 229

Fokien, Province de la Chine, 239. sa description, 240. 241. son commerce, *ibid*.

Formose, Isle, 157 sa description, *ibid*.

G

GEANS brûlez par le feu du Ciel, 74. leur histoire, 74. 75.

Gouel-

DES MATIERES.

Gouellans, sorte d'oiseaux, 61. façon dont ils prennent les poissons, *ibid.* leurs ordures utiles, 62. appellées *Guana*, 63.

Guacho, Ville du Perou, 126. sa situation, *ibid.*

Guaüra, autre Ville du Perou, 126 description de cette Ville, *ibid.* fertilité de ses environs, *ibid.* mœurs de ses habitans, *ibid.* beauté de leurs femmes. *ibid.*

Guaynaçava, Roi du Perou, 77.

H

Houaou, ou Receveur des Douanes, 161. envoye une Lettre de recommandation d'un Pere Jesuite, pour les François, 163. les François le vont visiter, 165. comment ils en furent reçûs, 166.

Huascar, Roi du Perou, 77. fait la guerre à Atabalippa, 79. sa mort, 81.

I

Jago (Saint) Capitale du Royaume du Chily, 33.

Indiens, quatre especes d'Indiens dans le Chily. 39.

Insultes, faites par les Chinois d'Emouy aux François, 312.

Isle grande, ou Isle saint Georges, 9. son circuit, sa situation & sa fertilité, *ibid.* Singes monstrueux qui s'y rencontrent, 11.

Isle des Etats découverte par les Hollandois, 24. inhabitée à cause du froid & de sa sterilité, *ibid.* sa longueur & sa largeur, *ibid.*

Isle de la Passion, 132. ce que c'est, *ibid.*

Isle des Larrons, 151. pourquoi ainsi nommée, *ibid.*

TABLE

K

KAMHI, Empereur de la Chine, 303. son âge, *ibid.* son caractere, 304. son orgueil sur la place de ses Etats sur la Carte, *ibid.* histoire à ce sujet, 305. sa curiosité pour les Arts qui sont inconnus dans son Empire: il veut s'enyvrer pour connoître les effets du vin, 306. un Mandarin par une petite supercherie le dégoûte de cette passion, 307. *& suiv.* son avarice, histoire à ce sujet, 308.

L.

LANCEROTTE, Isle, l'une des Canaries. 3.
Laureati (le Pere) Jesuite arrivé à Emouy 175. Dispute de ce Pere avec les François sur l'erreur d'un jour 176. Les Mandarins le vont visiter, 180. Il s'en retourne à Focheu. 208. Son Eloge, & quelques particularitez de sa vie, 209. *& suiv.*

Ligne Equinoxiale, 7. Vents fantasques qui y regnent, *ibid.* Cérémonie qui se pratique lorsqu'on y passe, *ibid.*

Lima, Capitale du Perou, 95. Sa situation, 96. Promenades qui se trouvent entre la Montagne & la Ville, *Ibid* ses Bâtimens, 97. ses Eglises, 98. Desordre qui y regne du côté des mœurs, tant des Laïques que des Ecclesiastiques, 100. 101. Histoire à ce sujet, Avanture de l'Auteur au sujet de l'ignorance des gens d'Eglise, 105 pouvoir du Viceroi, 109. Mines d'argent à Lima, 110. Son Université, 111.

Livres Sacrez des Chinois, 254. Leurs noms, 254. 255.

DES MATIERES.

M

MANDARINS; les differentes sortes qu'il y en a à la Chine, 287. D'où vient qu'on les nomme Mandarins, ibid. Le nombre qui s'en trouve dans chaque Province, 290. 291.

Mandarins des Villages & Bourgs, 292. Cette dignité n'est point hereditaire, 293. Ordre des Mandarins &. comment on les connoît à leur marche, 296. Ils portent l'Aneau de l'Empereur, 298. Avanture à ce sujet, ibid.

Manille, Ville Capitale des Isles Philippines, 152.

Mariamne, Isle, 144. Description du Palais du Viceroi, 145. 146. Situation de cette Isle, 149. Ses Bourgs & habitations. Ibid. ses habitans, ibid. Fruits de cette Isle, 150. Façon dont elle est gouvernée, ibid.

Mochegoa, Ville du Perou, 67.

Montagne auprès d'Arica, d'où il provient un mauvais air, 61. Idée des Indiens sur la cavité de cette Montagne, 63.

Sainte Marie, Isle à dix lieuës de la Baye de la Conception du Chily, 3.

O

ORATAVIA, Ville principale de l'Isle de Teneriffe, 5. Son Territoire produit l'excellent vin de Malvoisie. Ibid. les Montagnes circonvoisines sont très élevées, 5.

Origine des Chinois, 226. Leur Antiquité, 227.

Oyseau extraordinaire, tant pour sa grosseur que pour la longueur de leur bec. Chasse de ces Oyseau, 62.

TABLE

P

Pachacamac, Province considerable du Pérou, 89. Description de sa Ville Capitale, 91.

Paraty, Ville du Bresil, 14. Sa situation. *Ib.* Son commerce, 15.

Pekin, Ville Capitale de la Chine, 235. 247.

Phenomène, vû en mer par l'Auteur, 133. 134 Conjectures sur ce phenomène, 135.

Pizarre (François) 79. Ses Conquêtes, 82 Fait mourir Atabalippa, 83.

Pisco, Ville du Perou, 68. Sa situation, 70 Description de cette Ville & de ses environs, 71. Son commerce, 72.

Poisson extraordinaire, 141.

Pont, description de celui qui conduit à Lima 88, 89.

Port du desir, situé dans une des Isles de la Terre de Feu, 24.

Portugais du Bresil, laborieux; leurs richesses consistent en Esclaves. 15.

R

Remarques sur la Navigation de l'Orient à l'Occident, 177

Repas à la mode Chinoise, donné par un Chinois à l'Auteur, 206. Description de ce repas, 206. 207

Ricci (le P. Matthieu) est obligé pour complaire à l'Empereur de la Chine, de placer cet Empire au centre du Monde dans la Carte Chinoise. 305.

Rio Geneiro, Ville du Royaume du Bresil. 12.

S

Isle de Sarc, distante de Guernesey de trois lieuës, 2.

DES MATIERES.

Schanpans, Vaisseaux appellez ainsi à la Chine, 160.

Songia, Lieutenant du Tito, ou Gouverneur d'Emoüy, 169. Comment il reçût les François, *ibid.*

T

Tambo, Edifice où les Incas renfermoient leurs Tresors, 86.

Tartares, leur irruption dans la Chine, 234.

Teneriffe, Isle, l'une des Canaries, 5. renommée par une haute Montagne qu'on appelle Pic de Teneriffe, & qui passe pour la plus haute du monde, *ibid.* il en sort une fumée épaisse, qui prelude ordinairement un tremblement de terre, *ibid.*

Terre de Feu, par qui découverte & ce que c'est. 22.

Tito, ou Gouverneur de l'Isle d'Emoüy, 167 De quelle façon il reçoit les François, 168 quels presens les François lui firent, 181.

Tombeaux, description de plusieurs Tombeaux dans la Province de Chincha. 84

Tremblement de terre à 200. lieuës à la ronde, arrivé au Perou, 117

Tremblement de terre arrivé à Pisco, 69. & 117. Reflexions physiques sur ce sujet, 70. & 120.

Tribunaux de la Chine, leurs noms & pourquoi établis, 287.

Trombes de mer, ce que c'est, 133. remarques sur ces Trombes, 135. *& suiv.*

Tropique du cancer, 7. Les vents alisez ou choisis y sont très fréquens. *ibid.*

Tybiotad, Mandarin examinateur des Bacheliers, 258. *& suiv.*

TABLE DES MATIERES.

V

VAISSEAUX Chinois, comment construits, 245. comment ils rendent le salut. 311.

Valparayso, Ville distante de 60. lieuës de la Conception, Port fameux pour le commerce des bleds du Chily, 49. sa situation & celle de son Château, d'où elle releve, *ibid.*

Vers dangereux qui se trouvent dans l'Isle-Grande, 11

Villa Hermosa d'Arequipa, Ville dans le Perou, 67 Fidelité signalée de ses habitans pour Philippe V. *ibid.*

Villa-Grande, petite Ville peu considerable du Bresil, 13. scene tragique qui s'y passe. 15.

Villes (Ordre des) de la Chine, 247. leur nombre, 248.

YLO, Bourg dans le Perou, 67

Fin de la Table.

www.ingramcontent.com/pod-product-compliance
Lightning Source LLC
Chambersburg PA
CBHW060459170426
43199CB00011B/1264